劉正偉現代詩賞析

陳 福 成 著

華文現代詩點將錄
文史哲出版社印行

國家圖書館出版品預行編目資料

劉正偉現代詩賞析 / 陳福成著. -- 初版 --
臺北市：文史哲，民 107. 08
頁：公分.（華文現代詩點將錄；7）
ISBN 978-986-314-427-4 (平裝)

1.劉正偉 2.新詩 3.詩評

851.486 107010927

華文現代詩點將錄 7

劉正偉現代詩賞析

著　者：陳　福　成
出版者：文　史　哲　出　版　社
http:// www.lapen.com.tw
e-mail：lapen@ms74.hinet.net
登記證字號：行政院新聞局版臺業字五三三七號
發行人：彭　正　雄
發行所：文　史　哲　出　版　社
印刷者：文　史　哲　出　版　社
臺北市羅斯福路一段七十二巷四號
郵政劃撥帳號：一六一八〇一七五
電話886-2-23511028・傳真886-2-23965656

實價新臺幣四〇〇元

二〇一八年（民一〇七）八月初版

ISBN 978-986-314-427-4 86107

與周公等餐敘（左起梅占魁、向明、周夢蝶、劉正偉）

兩岸詩會，後排左起劉正偉、蕭蕭、前排洛夫夫婦（2016.12）

拜訪羅門、蓉子夫婦，於燈屋合影（2008）

齊東詩舍演講後與台客詩人合影（2016.03）

《華文現代詩》編委會後留影（2016）

濁水溪詩歌節與東南亞詩人合影（2016.09）

3 照 片

兩岸詩會，與洛夫、舒婷、潘維等合影（2016.12）

齊東詩舍演講後與台客詩人合影（2016.03）

台客文化協會聯誼在劉正偉獅潭老家合影（2017）

苗栗縣政府作家講堂記者會留影（2017）

桃園文化廣場台客詩演與陳銘磻及眾詩人合影（2016）

桃園市台客端午詩演與莊局長及眾詩人合影（2017）

苗栗縣政府作家講堂記者會與徐縣長等合影（2017）

苗栗縣政府新書發表會與台客詩人合影（2017）

獲詩運獎與頒獎人鍾鼎文合影（2007）

建國百年客家大展詩作（2011）

《華文現代詩》編委會後餐敘留影（2015）

濁水溪詩歌節主題詩畫展留影（2016.09）

接受台北電台丹萱專訪（2017）

民視飛閱文學地景節目（2017）

劉正偉現代詩賞析（作者序）

讀了正偉兄數百首詩，好像前往一個奇異的美麗新世界，進行一次浪漫壯遊。在壯遊過程中，我又談了幾回戀愛；重溫愛情的滋味，舊情人的芳影又在我心中浮現，還在夢中相約……

壯遊歸來，有些疲倦，想寫一篇序，卻仍在正偉的情詩中說夢話，只好請高明說序：

綠蒂：「劉正偉是一位質樸誠摯的青年詩人，他有文學天份而且刻苦用功……。《思憶症》詩集的七十八首小詩，宛如七十八朵美麗盛開的花朵，讓我愛不釋手，賞心悅目，這是作者精心培育灌溉成長的花圃。」（《思憶症》序）

藍雲：「劉正偉的詩有如下特色，情感婉約，筆觸細膩；眼光敏銳，觀察如微；內容深刻，富有哲思。他對繆斯，已『患了無可救贖的思憶症』，而『溺陷』其中難以自拔。」（《思憶症》序）

蔡富澧：「如果說，此時在中年行將向老年邁進的劉正偉，理智上正積極處理心中感傷與奮力一搏的矛盾，那麼另一方面，情感上的劉正偉則是標準的中年男子正孜孜矻矻要抓住青春的尾巴，除了緬懷一段段逝去的青春與戀情，其實內心深處還有許多對於愛情最後的憧憬與不捨。」（《我曾看見妳眼角的憂傷》序）

千朔：「詩人一直是詩人自己的『繆斯』，因此抒發情感的對象，可能是自己靈魂中這個不分男、不分女的情人，也正因為靈魂中有這一位不分男女的中性戀愛者，所以詩人的作品，呈現出了各種不同的面象──對時事的關注，對親友的關懷，對自身生命的省悟。」（《我曾看見妳眼角的憂傷》序）

葉雨南：「正偉老師的詩是哪一種憂傷？……『繆斯』一詞常常在我的眼睛中閃爍，好像文字的天空突然亮起了多顆明星。我想著，這些繆斯都大方的在文字裡盤腿、看書、賞夕陽。她們呈現的是庶民般的生活，我心裡這本詩集裡的詩，或許在神話之前，就已經中了唯美的毒啊！」（《我曾看見妳眼角的憂傷》序）

正偉常以「人生苦短、隨緣隨喜」自勉，因而「愛與詩」才成為他一生追求的夢想。唯愛與詩可以化苦為樂，也唯愛與詩能化短暫成永恆，正偉年紀輕輕就深悟宇宙人生之真相。他的愛與詩一定能感動更多人，啟蒙更多渴求愛與詩的人。

正偉對於詩歌文學，有天份有才情。相信不出幾年努力，情詩王子將進階到「情詩國王」，兩岸詩國之祭主或祭酒，捨他而其誰？

（《華文現代詩》同仁、台北公館蟾蜍山萬盛草堂　主人陳福成　誌於二〇一七年七月初）

《華文現代詩》點將錄

劉正偉現代詩賞析 目次

第一篇

《思憶症》花圃：對妳的七十八種思念

劉正偉在〈民視〉電視「飛閱文字」節目，朗頌他的詩〈詠南崁溪〉。2017.6.3 日到 5 日，共有五個時段。

第一章 關於劉正偉與其文學之路

詩人劉正偉是《華文現代詩》九位同仁中，最年輕又最有活力的詩人，對於詩創作的熱情和使命感，甚至把下輩子也要獻身當詩人。除了詩創作質量均極可觀，正偉也在大學任教，積極倡導詩歌文學創作，同時參加兩岸各地舉辦的詩社或詩學活動，在電視、網路、報章雜誌等各類媒體，常見他英俊瀟灑又青春多情的身影。

筆者研究《華文現代詩》諸君詩歌文學創作歷程，深入理解各家特色。劉正偉與各家最大不同，是他充滿青春活力，對「愛與詩」永不變心的追尋，因而有大量情詩創作。以下略分各項簡述正偉情詩創作與其文學之路。

壹、劉正偉簡歷與創作方向

按《二〇〇七台灣作家作品目錄》第三集，有他的基本簡介。（註①）劉正偉，一九六七年十二月二日生，籍貫台灣苗栗。苗栗農工冷凍科、空中商專會計科畢業，元智大學應用中文系畢業，玄奘大學中文碩士，佛光大學文學博士。

正偉曾任永信冷凍空調公司負責人二十年，並為中華民國新詩學會監事。曾獲全國優秀青年詩人獎、鹽分地帶文學獎、苗栗縣夢花文學獎、詩運獎、二〇一六國史館台灣文獻館學術著作優等獎等。

劉正偉創作文類以現代詩為主，兼及論述。以熱情而敏銳的深刻觀察和人生體驗，創作抒情詩，又以浪漫多情戀歌為大宗，以詩記錄人生旅程的愛情印象和感受，乃至對萬事萬物之感情投射或生命探索，少部分對社會、政治現況的反思及批判。

詩人正偉也關懷鄉土，參與兩岸詩人文化文學交流，常見其身影。創作之外，編選有《生之吶喊——梅占魁詩文選》、《新詩播種者——覃子豪詩文選》、》、《台灣詩人選集——覃子豪集》等。

貳、劉正偉重要著作（正式出版文本為主）

《思憶症》（新詩集）（台北：文史哲出版社，二〇〇〇年七月）。

《覃子豪詩研究》（論述）（台北：文史哲出版社，二〇〇五年三月）。

《夢花庄碑記》（新詩集）（苗栗：苗栗縣文化局，二〇〇五年十二月）。

《遊樂園》（新詩集）（苗栗：苗栗縣政府，二〇一三年十一月）。

《我曾看見你眼角的憂傷》（新詩集）（苗栗：苗栗縣政府，二〇一四年十一月）。

《新詩絕句一百首》（新詩集）（台北：秀威資訊股份有限公司，二〇一五年四月）。

《早期藍星詩史》（詩社研究）（台北：文史哲出版社，二〇一六年一月）。

《詩路漫漫》（新詩集）（苗栗：苗栗縣政府，二〇一七年一月）。

《劉正偉詩選》（新詩選）（台北：新世紀美學出版社，二〇一七年十月）。

正偉近期尚有詩集、論著出版，均不及列入。

參、研析範圍、情詩意涵與情詩界定

筆者研究劉正偉現代詩，範圍包含四個已出版文本：《思憶症》、《遊樂園》、《我曾看見妳眼角的憂傷》、《新詩絕句一百首》。

《思憶症》六輯及附錄，共七十八首詩，情詩意涵有二十首。《遊樂園》四輯六十八首詩，情詩意涵有三十首。《我曾看見妳眼角的憂傷》四輯六十六首詩，情詩意涵三十四首。《新詩絕句一百首》，情詩意涵三十六首。以上共三一二首詩，俱有「情詩意涵」者一〇二首，在正偉詩創作總量中，情詩比例頗高，「愛與詩」是正偉人生的重要價值和文學寄託。

如何定義「情詩」，詩壇或學術上並沒有共識的界定，按一般常識說法，「男女兩性表達愛情意涵的詩謂之情詩」。但這個定義很傳統，可以把「情詩意涵」擴張，喻麗清編《情詩一百》，約略區分情詩類型：（註②）

◎民歌的形式。讀來如歌之行板，如童山的〈里梅〉、戴望舒〈路上的小語〉、胡品清的〈給 Joe〉，似乎有歌的味道。

◎小詩的形式。歌詠情人的音容身影，如紀弦的〈摘星的少年〉、雲谷〈黑色的回音〉、聞一多〈國手〉、鄭愁予〈相思〉。

◎抒情主義的「浪漫的消息」。情詩精華所在，寫思與懷、得與失、煎熬與昇華、痛苦與纏綿等。如余光中〈第七度〉等，談情說愛盡在其中。

◎風花雪月、自然神仙的擬人化。蓉子和羊令野許多此類情詩，喻麗清認為嚴格說來不算是情詩。但我研析劉正偉「愛與詩」，仍視為「情詩意涵」的作品。

筆者研析正偉詩作，對「情詩」與「情詩意涵」，按前述認定，正偉不愧是「情詩王子」。他的情詩對愛意的傳達，很有感染力和誘發力，各章節有深入探索。

肆、正偉詩的研究要綱（子題區分）

正偉今年（二〇一七）正好中壯五十歲，已出版或發表的詩應有四百首以上，以他積極創作的程度，可能不出幾年突破千首。但目前研析他的作品，限前述四個文本的三一二首詩，針對這三百多首詩的內涵，歸納出十九個研究要綱（子題），也是各章主要題目，四個文本則分成四篇，這是整本書的基本架構。

◎思・憶・症，無可救贖的思憶症。

◎卡想也是妳一人，劉正偉徐志摩情詩比較賞析。

◎政治、社會、歷史與現實環境批判。

◎生活、生命與人生本質的思考。

◎詩人的生前告別詩。

◎那不滅定律是愛的滋味。

◎人生的遊樂園，長有寂寞和虛偽的草。

◎詩・人・詩人・愛・吾愛。

◎遊樂園裡趣味遊戲詩。

◎愛情永恆的憧憬：夢中情人。

◎情詩中的「力必多」元素含量有多少？

◎稚愛是情人嗎？從但丁說起。

◎可憐戀花再會吧（引一首台語歌名）。

◎偉大的靈魂是雌雄同體？詩人是自己的繆斯嗎？

◎愛情，在幻滅與永恆之間糾結。

◎愛情，從稚愛、繆斯、元配到小三的解放。

◎人生成長的碰撞、現實和寂寞。

◎生命歲月殤逝之感懷。

◎愛與詩和人生價值的探索。

小結

劉正偉對現代詩有高度熱情，除本文提到著、編、教學與積極參加活動外，也倡議設立「台北現代詩史料館」。（註③）保存當代珍貴詩的史料手稿及文物。筆者亦到處闡說「我們是能拿筆寫稿的最後一代」，這一代作家詩人手稿應有專責單位保存，勿使珍貴文明文化消失了。

劉正偉引述葉維廉教授說過，台北是現代詩之長安，長安不見使人愁。設立現代詩史料館，台北或將成為兩岸和海外研究華文現代詩之重鎮，筆者亦為正偉的倡議助陣，盼有機會實現此項構想。

註釋

①封德屏主編，游文宓執行主編，《二〇〇七台灣作家作品目錄》第三集（台北：台灣文學館，二〇〇八年七月，第一版），頁一二二五。

②喻麗清編，《情詩一百》（台北：爾雅出版社，一九八三年一月一日，三版），頁一一一四。

③劉正偉，〈倡議設立「台北現代詩史料館」〉，《思憶症》（台北：文史哲出版社，二〇〇〇年七月），附錄一，頁一四三－一四五。

第二章 思．憶．症，無可救贖的思憶症

這片名為「思憶症」的小花圃，栽種著我對妳的七十八種思念和妳走後的胡思亂想，雖然妳不常離開太久。（註①）這是青年詩人劉正偉在他的第一本詩集《思想症》，序裡的一句話，可以解讀成這本詩集的七十八首詩，都是情詩嗎？

這要看我們怎樣為「情詩」二字下定義？按喻麗清在《情詩一百》一書中說，情詩似可分成三種類型。第一是民歌形式，讀來如「歌之行板」；第二是小詩形式，歌詠情人的音容笑貌或僅止於微醺之情；第三為「抒情主義的浪漫消息」，寫思與懷、得與失，寫煎熬與昇華、痛苦與纏綿等。另有些乍看是情詩，實際上只是將風花雪月擬人化，嚴格說來不算情詩，如蓉子或羊令野的許多詩屬此。（註②）

綜合喻麗清的觀點，「情詩」的定義，吾以為可分廣狹二義。狹義「情詩」，是男女愛情領域裡的抒情表達，對象包含真實存在或曾經存在的情人，以及「夢中情人」或

「想像情人」等，男女兩人世界的情愛互動都是。廣義「情詩」，人以外一切擬人化而以情詩表達，如風花雪月山河大地的擬人化，神仙上帝擬人化。劉正偉在《思憶症》序，開宗明義說，「繆斯啊！謝謝妳。在我孤獨寂寞、生命最冷的時刻，費心的和我談一場戀愛。」（註③）把文藝女神當情人詩寫，或立一假設性「夢中情人」，可以說是所有男性詩人的「精神外遇」最佳模式，也是將「基本需要」提昇美化的最好途徑。

曾是「三月詩會」詩人的藍雲先生，對劉正偉詩甚為讚賞。（註④）對正偉詩中的「妳」和「繆斯」如是解讀：「也許是曾經愛戀的某個人；也許如其代序所述，是他所鍾情的繆斯……」（註⑤）那麼，劉正偉的情詩，大致在我前述廣狹義範疇內，在他所出版的每一冊詩集裡，都佔有很大份量（如第一章）。是故，稱他「情詩王子」，實是必也正名之。

愛情到底是什麼？人人欲得之而求不得，或得之又瞬間消失，只剩相思苦。或根本就沒有情人，沒有愛戀對象，也要假設出一個「夢中情人」。如古人之「梅妻鶴子」，梅以為妻，鶴能取代為子，則假設任何不存在的對象當情人，為她寫詩，也就很正常了。至少生活生命中「有」情人，也是精神安慰。

徐志摩在他的《愛眉小札》這樣說過，「戀愛是生命的中心與精華；戀愛的成功是生命的成功。戀愛的失敗，是生命的失敗，這是不容疑義的。」（註⑥）這個觀點筆者頗為同意，戀愛必有對象（情人），人生除特別狀況（如出家、獻身宗教等）外，一輩子從未談戀愛，或戀愛從未成功，從未有過一個「真實的情人」，真的是人生的遺憾。

曾經有過，不論多久，生命就算成功。現在有一批年輕人，抱著「不戀不愛、不婚不生」的心態，是「誤判情勢」，自以為很酷，等他到老醒悟，已來不及了，這是人生莫大的遺憾，若其他方面沒有做出成績，等於人生白走一趟！非洲草原的動物，也有愛的對象，勇敢的展開追求，「你」怎麼沒有？

情詩雖抒男女之情的「抒情詩」，但意涵範圍仍要進一步界定。從中國詩學開山綱領「言志論」說，一部中國詩學，堪稱是抒情詩的美學。中國人的抒情觀有極豐富的內涵，抒發什麼樣的情感，表達什麼樣志向，都是一種抒情方式。所以，詩經以下，唐詩宋詞元曲到現在的新詩，只要真性情之詩寫，都是「抒情」詩，為研究方便，情詩就只限筆者前述的廣狹二義。至於那些抒情於戰爭、政治、社會批判等，以及抒情於感物、環保、生活、生命之人生心得，而無涉兩性世界的情愛詩寫，都不列入情詩範圍，以利研究之方便。

《思憶症》七十八首「抒情詩」，按筆者的「情詩」定義，俱有「情詩意涵」有：

三首思憶症十四行、煙火、幸福的定義、歸、霧、星夜微語、垂柳、水、讀我、關於收藏、城堡、決定、輕聲告別、在妳癡情背後、繁星、離別、分手後、雅棉絮語等二十首，以情詩意涵賞析解讀。其他尚有：㈠政治、社會和現實環境批判；㈡城市生活詩寫與反思；㈢對詩人的生前告別詩；㈣生活、生命和人生本質的探索；㈤人類前途思考等。這些雖是「抒情」，並非「情詩」，惟各類主題，筆者均分章研析。先賞讀這首〈思十四行〉。（註⑦）

昨夜，當妳走過夢境邊緣
我竟忘記，請妳進來坐坐
特意的遺忘，只因
被震碎的中心區
再無妳歇息停駐的角落
風起的時候，我拒絕關窗
昨夜淋溼的心情，迫切需要風乾
碎裂的峽谷等待填補

蒼黃的風砂或者，滾燙的海潮
月亮遺忘了約定，唯恐
永恆易解，而黑夜太長
愛情太短，而遺忘太難
陳述想妳時的意境，是我
窗外紛飛的雨絲

大約筆者開始研究劉正偉詩，每週一晚上十點到十一點，我會看電視影集《世紀天才：愛因斯坦》，首次呈現大科學家真實的一生記錄。該片提到，歷史上能夠數年專注思考一個問題的科學家，只有牛頓和愛因斯坦，並評論愛因斯坦成為史上「最偉大的天才科學家」，第一個原因是他有超越同時代所有人的想像力，其次是他的「天才」。（註⑧）為什麼讀〈思十四行〉一詩，我會提到愛因斯坦，一則是詩人和科學家都專注於思考，詩人是七十八種思念和「妳走後的胡思亂想」，天馬行空無邊無際的思考和想像；而愛因斯坦在二十五、六歲時，與人談起時間、空間、物質和能量的新觀念，等於推翻了當時及前代的宇宙論，有人驚為天才，但更多人說他是傻子、瘋子、幻想家之流。

詩人不也整天胡思亂想，構思出一本詩集，說胡思亂想即非胡思亂想，這需要加上幾分天生的才情。藍雲讚嘆說：「他具有詩人的稟賦」，這本詩集「有不少含金度高相當高的作品」。（註⑨）綠蒂也讚美曰：「他有文學天份而且刻苦用功」。（註⑩）而愛因斯坦約在二十六歲時，提出$E=MC^2$（能力等於質量乘光速的平方），按這定律操作，任何半磅重物質，可以產生七百萬頓黃色炸藥爆炸的威力。雖「驚動萬教、轟動武林」，很多人（含他老師）叫他不要胡思亂想，照前代建立的規則做研究（詳見該影集）。終於不久後證明愛因斯坦理論的正確性，原子彈就是根據他的公式造出來的，他最有名的名言是：「人類所見時間、空間和物質，全是假相。」就算到廿一世紀的現在，懂這句話並知真相的人，依然是極少數的，也就是絕大多數人是活在假相中。

讀劉正偉的詩，首先感受到的是「愛因斯坦式」的想像力，他的思憶症始終在思考、思索，思想成症，這首〈思十四行〉思了些什麼？想了些什麼？「昨夜，當妳走過夢境邊緣」，心中所思原來就是「妳」，妳住在詩人心中，午夜詩人仍在「夢境邊緣」，難以好好入睡。這個「妳」是誰？可以是俱體的，可以是假設的。但以曾經有過一段情的女子是較為正確的解讀，才會有後面「愛情太短，而遺忘太難」詩句。愛情這東西，只要擁有了，不論長短都是遺忘太難的。

午夜在夢境邊緣的思緒一定很亂，尤其往昔「被震碎的中心區」「碎裂的峽谷等待填補」。愛情碎了就碎了，無法復原，難以填補，心中「再無妳歇息停駐的角落」，卻仍是難忘思念，「想妳時的意境，是我/窗外紛飛的雨絲」。雨絲紛飛很亂，形容思絮也是亂飛，心亂如麻啊！〈思十四行〉就是意象紛飛，因為「妳」才使思緒長出翅膀，行空到處飛。〈憶十四行〉憶什麼？（註⑪）

妳遺落的髮梢，殘留著夏末
野薑花的馨香
凋謝的形影搭上西逝的流水
在波峰間追逐的快馬

杜鵑泣血，抖落一地楓紅
掩飾深秋踽踽的小徑
西風揚起，傳遞古道窸窣的鄉音
那是妳遠颺的步履，我輕傷的悲鳴

即將埋葬的世紀末星空
獅子座的眼裡
曾經有妳閃耀的靈魂
照亮我黯淡的旅途
如今，我馱負著冬眠的星空
獨自踏上另一個歸程

這首〈憶十四行〉，藍雲先生特舉出為「情感婉約、筆觸細膩」代表作，正偉詩大多有此特質。「**妳遺落的髮梢，殘留著夏末**」，想必也是追憶某一多情女子，浪漫典雅兼一點感傷。當然這「妳」也可以是文藝女神繆斯（Muse），西方神話中管音樂、藝術和文學的女神共有九位繆斯（Muses），她們都住在希臘奧林帕斯山上，九位美女神圍繞著太卽哥太陽神。情詩不論寫給人或神，都是詩人的最愛。

「**野薑花的馨香**」詩句應有二義，其一是詩人和「妳」的共同回憶，這位曾經是戀人的妳，喜歡野薑花。其二指《野薑花詩社》裡某一女子，正偉是該詩社的顧問，應有一點因緣。（註⑫）但這因緣如今，「**凋謝的形影搭上西逝的流水／在波峰間追逐的快馬**」，瞬間竟如白駒過隙，消逝的無影無蹤。一段情的消逝終是苦，相思苦，所以第二段才有「杜鵑泣血」的意象，一種哀怨、淒美的心情。眼看一段情的消逝，現在的心境如古道、西風那樣荒涼。惟杜鵑泣血乃哀痛至極，可見詩人用情亦深。

將往昔埋葬，沒有「妳」的未來多麼孤獨，了無生趣。「**如今，我馱負著冬眠的星空／獨自踏上另一個歸程**」。也好，塞翁失馬焉知非福，失去了「馬子」，現在可以放下回家了。人都是在外頭的戰場失意，才會想到回家看親人，取暖！再賞讀〈症十四行〉。（註⑬）

全世界都清醒的時候
唯我獨醉
微醉於拂面而逝的薰風
沉醉於和煦的陽光初吻
溺陷於飛瀑清泉的擁懷

從冥冥的星空中出發
去找尋
前世無緣的相逢
一次悲愴的燃燒，足以
穿越永遠的魔障
真心照耀過的永夜，必留下
淺藍色的星軌

在遺世獨立的新晨
對妳，我患了無可救贖的思憶症

當人的動機、想法和行為成為一種「症」，便很接近成大功立大業創大局之途徑。症候持續加重，全心全力全身投入「症狀」中，大業大功乃告完成。我們看中外歷史上，凡在某方面能有超越常人才華而成就大業者，如愛因斯坦、梵谷、張大千、孫中山……，都因「發瘋」似的投入所好。台灣地區創世、人安、華山基金會創辦人曹慶先生，

正是以「瘋子」成就大業，以瘋子行事聞名於世，以瘋子的方法完成人生自我實現。（註⑬）

我觀正偉兄對繆斯的投入、眷戀，症狀雖有點重，卻尚未達「瘋子」的境界，「**對妳，我患了無可救贖的思憶症**」，此症雖重，尚非最重。詩人若能持續加重「症狀」，持之以恆，不顧一切，以達「瘋子最高境界」，便是一代詩壇大師的誕生，羅門正是近在眼前的典範。那些尚未成大功立大業，尚未成為一代巨擘者，都因尚未「嚴重發瘋」。

這〈症十四行〉裡的「妳」，比較不像是對一個真正情人，而像人執著於某方（如文學）太過所出現的「狀態」，老子講「道」謂「惟恍惟忽、忽兮恍兮」；莊子亦講道，說自己似「浮游」，「浮游，不知所求；猖狂，不知所往。游者鞅掌，以觀無妄。」正偉的詩曰：「**唯我獨醉／微醉於……沉醉於……溺陷於……從冥冥的星空中出發**」。詩人有了這種「浮游」狀態，乃因沉醉於他的「道」（繆斯、愛情）。這種「浮游」的人生境界有四個內涵，是中國詩學意境的審美本質，中國詩歌意境論由此體現：㈠浮游是一種遊戲，無所用其用，而只以自身之用；㈡浮游是一種完全投入，無所保留，沒有隔閡；㈢浮游是一種完全的自由；㈣浮游是一種超越，浮游於江則化入大江，浮游於海則化入大海，浮游於宇宙即化入宇宙。（註⑮）詩人患了無可救贖的思憶症，不就是溺陷於這四種浮游狀態的美學欣賞！

小結

無論如何！詩人已溺陷於愛河，「繆斯啊！謝謝妳。在我孤獨寂寞、生命最冷的時刻，費心的和我談一場戀愛……討妳歡心；並排遣，我的孤獨。」（註⑯）古人有「梅妻鶴子」，今人當然可以繆斯為情人，能有談不完的戀愛，寫不盡的浪漫情詩，真善美的〈創作人生〉如是建構。（註⑰）

我是喁喁的蠶
書是精選的桑葉
詩，是我嘔心瀝血的
絲
我老時，請用我精鍊的絲
包裹我的孤獨成

蛹

讓我蛻變成幻化的

蛾

朝歷史的火焰勇敢的

撲去

——《乾坤詩刊》第十一期 一九九九年七月

一首極有創意的「浪漫派」小品，巧妙的運用「詩、絲、蛹、蛾」的生命轉迴，暗示自己生生世世都要當創作者，成為詩人作家。他對繆斯的戀情，穿透時空，要從今生談到來世，看來詩人溺陷情愛的「症狀」加重了。這首詩末句「**朝歷史的火焰勇敢的／撲去**」，也暗示或象徵，對文學詩歌的投入，是義無反顧的，絕不回頭的，且如烈士抱必死決心，這也正好反應「思憶症」症狀之嚴重。詩人到了這個症狀狀態，隨手一抓，就是一把詩，一不留神就生出一首詩。（註⑱）

我佇立在漓江遊船上
緩緩地向歷史的深處盪去
漸漸隱入迷濛中
一不留神就跌進
唐宋山水裡

——〈桂林湮雨〉，《葡萄園》一四二期　一九九九年四月

「純文學」或許不夠浪漫，也太孤獨。但把文學當情人，真是太美妙了，可以和真實的情人結合，談不完的戀愛，書之不盡的情詩，詩歌散文泉湧而出。難怪連現在著名攝影家郭英聲都說：「愛情真是最美麗的感受，而思念是活化感受的推力。如果沒有思念，愛情會失去滋味。」（註⑲）啊！人生，怎能沒有情人？怎能不談戀愛？怎可沒有所愛？

註釋

①劉正偉，〈我為繆斯灌溉的花園（代序）〉，《思憶症》（台北：文史哲出版社，二〇〇〇

年七月），頁一一。

②喻麗清，《情詩一百》（台北：爾雅出版社，一九八三年一月一日，第三版），見〈雜話情詩〉一文，頁一一－一四。

③同註①。

④藍雲，本名劉炳彝，另有筆名鍾欽、揚子江。民國二二年（一九三三）生。一九九三年三月「三月詩會」成立時，藍雲是十一位創會者之一。其他十人是：林紹梅、田湜、王幻、文曉村、張朗、劉菲、謝輝煌、晶晶、邱平、麥穗。可詳見筆者另著，《三月詩會研究：春秋大業十八年》（台北：文史哲出版社，二〇一〇年十二月），各相關章節。

⑤藍雲，〈衣帶漸寬終不悔——劉正偉著《思憶症》讀後，同註①書，頁四－一〇。

⑥金尚浩，《中國早期三大新詩人研究》（台北：文史哲出版社，二〇〇〇年七月），第三章〈徐志摩的詩和詩論〉。

⑦劉正偉，〈思十四行〉，同註①書，頁二〇－二一。

⑧《世紀天才：愛因斯坦》電視影集，二〇一七年五月開播，每週一晚，是很有啟示性的影集，科學家和詩人同樣，必須開發「想像金礦」，才能有大突破。該影集必會一再重播，深值觀賞，但要看門道，不要光看八卦和熱鬧。

⑨同註⑤。
⑩綠蒂，〈綠蒂序〉，同註①書，頁一－三。
⑪劉正偉，〈憶十四行〉，同註①書，頁二二－二三。
⑫詩刊顧問常有變動，此處按《野薑花詩集》第十一期（高雄：愛華出版社，二〇一四年十二月）。
⑬劉正偉，〈症十四行〉，同註①書，頁二四－二五。
⑭王建煊，《瘋子成就了驚人之愛：創世基金會創辦人的故事》（台北：聯經出版事業股份有限公司，二〇一三年二月）。
⑮陳慶輝，《中國詩學》（台北：文史哲出版社，一九九四年十二月），第四章〈詩歌意境論〉。
⑯同註①。
⑰劉正偉，〈創作人生〉，同註①書，頁三八。
⑱劉正偉，〈桂林湮雨〉，同註①書，頁一三三。
⑲人間福報，二〇一七年五月二十日，A7版。

第三章 卡想也是妳一人：劉正偉徐志摩情詩比較

〈思憶症〉詩集中，二十首有濃厚「情詩意涵」的詩，十七首用了「妳」字。分別是：三首思憶症十四行、煙火、霧、星夜微語、雅棉絮語、垂柳、水、讀我、關於收藏、城堡、決定、輕聲告別、在妳癡情背後、繁星、分手後。

這要投入多少深情，才會讓讀者讀起來，總覺卡想也是「妳」一人？卡想也是伊。不論這個「妳」所指為何？十七個妳加起來的深情重量，已有「相思始覺海非深」（白居易〈浪淘沙〉詩）的纏綿堅情。再次證明詩人「**對妳，我患了無可救贖的思憶症**」（註①），試擇幾首飽涵情詩意境又浪漫典雅的小品賞讀，〈垂柳〉：（註②）

妳說
我靜像詩意的西湖

而妳輕身一斜
臥成湖面的
垂柳
春風輕輕撩動
妳的秀髮
我的湖心
都隨之
盪
漾

——《乾坤詩刊》第十期一九九九年四月

浪漫情懷小品，明寫湖邊垂柳飄逸的風景，進而將柳和湖擬為一對情人，詩人成了這風景的「男主角」，暗射情人的浪漫動作。「妳輕身一斜」，甚為想像與挑弄，因而引起情人之間的自然動作和情愫反應，「妳的秀髮／我的湖心／都隨之／盪／漾」。尤其「盪、漾」二字有了「性」的聯想，亦不失含蓄。

飄逸、典雅、寫意也是這首詩的「味道」和感覺，飄灑閒逸，典則不枯，雅則不俗，境界乃出。就像詩人真和一位清麗脫俗的女子，在西湖散步談心。

詩人皆知，王國維有「寫境」與「造境」之說，這是創造「境界」的方法問題，寫境側重寫實，對客觀真實地描述；造境側重寫意，對主觀理想的捕捉。顯然這是浪漫主義和現實主義，兩種不同方法論述，惟兩者都必須建立在「真」情基調上，理想不是虛構，寫意亦非夢囈。所以，情人也必須存在於詩人的生活經驗中，有真情愛意才有情詩。

賞讀〈水〉：（註③）

妳柔順的外貌
有時，澄明如鏡
我曾在妳平靜的胴體上徜徉
撫摩那絲絲垂柳，試解風情

偶爾，妳是暴烈女王
掀起的波濤

傾覆我惶恐的小舟
一艘渴望停泊的風帆
無法測量妳愛慾的深度

親愛的，我該如何
攫取妳善變的心
唉！不安定的妳
幾度落淚
幾度流浪

這首情詩以水喻女人，這是「現成意象」的運用。詩外之意也暗示著女人可載舟、可覆舟，好好愛她，否則你鐵定就慘了。〈水〉一詩也涵富性暗示詩寫，「我曾在妳平靜的胴體上徜徉／撫摩那絲絲垂柳，試解風情」。很明顯的，你可以在「她」的胴體上徜徉，表示她願意為你寬衣解帶，配合你的「性遊戲」，論證成為「情人」的唯一「門檻」。絲絲垂柳就是情人的秀髮，撫摩情人秀髮，乃親蜜關係才有的舉動，「無法測量妳愛慾的深度」也是大膽的性愛測試，有智慧的男生就知道，如何點燃情人的愛慾之火，是藝術、技術，也是科學和美學。

最好的情詩具備野、媚、俏三要件，看了要讓人心跳。在新詩百年史上，公認徐志摩情詩有如是上乘境界，得力於來自陸小曼的靈感泉源，當然 Libido 更發揮了生命「原動力」作用。試舉志摩的〈別擰我，疼〉和正偉〈水〉比較賞讀：（註④）

「別擰我，疼，」
你說，微鎖著眉心，

那「疼」，一個精圓的半吐，
在舌尖上溜——轉。

一雙眼也在說話，
睛光裡漾起
心泉的秘密。

夢
灑開了
輕紗的網。

「你在哪裡？」
「讓我們死，」你說。

兩首情詩都表達戀人在一起時，野媚俏的親蜜舉動，兩首詩給讀者有何不同的心理或生理反應？就留給讀者自己去檢驗實證。談二人對愛情的差異態度，徐志摩把愛情當宗教，甚至是上帝，「愛、自由、與美」是他三個理想，把三個理想合成一個理想，透過追求一個美人完成實現，這種「理想主義的浪漫主義者」，在現實人生裡已註定大失敗；反之，在情詩和各類文學創作，他是大成功的。這也說明，人生的價值和成敗極難定論，例如李後主在政治上是「亡國之君」，在文學則是「永恆不倒的君王」，顯然後者勝過並壓倒前者。

劉正偉的愛情觀呢！他似乎是浪漫主義者，但屬「務實主義的浪漫主義者」，從他眾多情詩裡的「妳」可以證明。儘管這「妳」有很多角色，包含曾經有的，現在或未來的，真實或夢中情人，以及繆斯們和各類擬人，都是詩人浪漫情懷的展現。現實生活裡的「情人」是註定要分手的，賞讀〈分手後〉：（註⑤）

倚窗沉思時
眼前突然
飄過一襲白影
是妳嗎？
白紗女孩

探首窗外
卻不見妳的倩影
哦！原來只是
一朵流浪的雲

不經意地勾起我的
思念

——《中華日報》副刊　一九八七年十二月十九日

為什麼說情人是註定要分手的？因為真實人生中，情人關係的維持最多不過兩三年，最短是「一夜情人」。就算戀愛修成正果結婚，婚姻關係的成立即啟動情人關係的結束，情人走了，妻子（丈夫）來了；愛情不在，轉型成恩義。而〈分手後〉，情人不在，思念仍在。所以，愛情是很誘惑人又很短暫的，梁實秋先生在談到徐志摩時說：「徐志摩和陸小曼的戀愛成功之後，志摩馬上便有了幻滅之感。這才真正是他的悲劇性的性格哩。」（註⑥）徐志摩有一首詩，寫他和小曼婚後的〈生活〉，那是愛情滅亡後才有的恐怖情境：（註⑦）

陰沉，黑暗，毒蛇似的蜿蜒，
生活逼成了一條甬道；
一度陷入，你祇可向前，

手捫索著冷壁的黏潮，
在妖魔的臟腑內掙扎，
頭頂不見一線的天光，
這魂魄，在恐怖的壓迫下
除了消滅更有什麼願望？

徐志摩心中「偉大的愛情」，人生的最高、最理想的價值，為何在「修成正果」後，瞬間毀滅？正果成了「惡果」，面臨人生最大的惡夢。問題依然出在「情人」身上，婚後陸小曼並未改變「酒家女」的本質，依然故我的跳舞、唱歌、喝酒、吸鴉片等，被一群無聊男子包圍，徐志摩當然是受不了的。婚前企圖把她當作「靈魂伴侶」，指望可以改變小曼的生活模式，用愛情提昇她的人生格調，結局是幻滅與失敗。這樣的故事，早期台灣似乎也很多，一個帥哥愛上酒家女，結果……

愛情走了，留下思念，甚至是一種苦，只是每個人情觀不同，會有不同程度的撞擊。〈分手後〉一詩，像是對初戀情人的思念。三更半夜，「倚窗沉思時／眼前突然／飄過一襲白紗／是妳嗎？」可見相思依然濃，分手了「卡想也是妳一人」（台語發音）。

這應該是「造境」之作，而非「寫境」，這個情境的時段一定是夜間，外面很黑，才看得見「白影」飄來。但若晚上你真倚窗沉思，突然眼前飄來一襲白影，相信你是嚇得腿軟心跳，寫不出詩來。所以說這是造境而非寫境之作，賞讀〈雅棉絮語〉：（註⑧）

浩瀚秋田裡的一朵輕盈棉花
不必自卑，沒有妳
我會在將來的冬季受寒
讓我特別把妳織在胸口
傾聽生命熱情的跳動
感受內在澎湃的思潮
慰撫受創的心靈
探索存在的價值

只有妳能，伴我
度過生命最冷的時刻

縱使山枯水竭，願伴妳同行
越渡寒冬，共迎
溫煦的春陽

——《乾坤詩刊》第十一期　一九九九年七月

以棉花輕盈的意象比喻情人的溫柔體貼，到了冬寒，把她織在胸口，表示二人的親蜜動作。但第一段把情人提昇到有療傷止痛的功能，可以讓人領悟人生的意義和價值。「傾聽生命熱情的跳動／感受內在澎湃的思潮／慰撫受創的心靈／探索存在的價值」，情人成為你的生命導師，情人是否具備如此強大的功能？

這個問題要回到詩中的「妳」，這個妳可能有四種角色（媽媽、妻子、情人或繆斯）。就男生而言，那四種角色皆可為情人，母親是兒子的前世情人，如同女兒是爸爸的前世情人一樣道理。人生自我實現的完成，生命的成功，必然和某一女子（情人）有關係，因為她人生才有意義和價值，才沒有遺憾。

若是，則徐志摩說：「戀愛是生命的中心與精華；戀愛的成功是生命的成功，戀愛的失敗，是生命的失敗，這是不容疑義的。」（註⑨）便幾可成為人生「真理」，至少是「準真理」，真的碰到「天命情人」，她確實就是你的人生導師，你「卡想也是伊一人」是對的。

只有這樣的「天命情人」出現，第二段的詩句才是合理的，「**只有妳能，伴我／度過生命最冷的時刻／縱使山枯水竭，願伴妳同行……**」對詩人而言，「妳」這位情人，始終存在詩人心中，即無去，亦無來，他們始終在一起，才能同行「**越渡寒冬，共迎／溫煦的春陽**」。所以，這樣的愛情絕不會如徐志摩那樣瞬間消滅，這樣的愛情才是快樂的浪漫主義。

小結

兩性關係到底要處到何種狀態？才是人生的圓滿。幾乎所有的藝文（文字、影像）都歌頌愛情，而婚姻像是邊陲沙漠，詩人作家碰也不想碰，好像婚姻王國裡只剩沙石和枯樹乾草，《思憶症》也不碰婚姻。但有兩首詩，似乎詩人思考愛情和婚姻所追求，或所要的感覺，是否就叫「幸福」？賞讀〈幸福的定義〉：（註⑩）

我向年輕的情侶追問
女孩回我以羞赧的微笑

我向中年夫妻探尋
他們勉力向我擠出微笑

我向年老的夫婦求證
他們慈祥的微笑，不語
手牽手，扶持著經過我的面前
留下一對模糊而溫潤的背影

這裡對「幸福」的界定，如佛法「拈花微笑」公案，老、中、青三代，都只以微笑回應，但微笑不是答案，詩人的領悟似乎也沒有正確答案。最後老夫婦手牽手的肢體語言說明了幸福的定義，婚姻關係若能維持一生，到老年時雖愛情早已流失，還能手牽手散步，這便是幸福。

另一首〈歸〉意象很美，「一隻倦鳥向落日追問／幸福的涵義〃一座面無表情的高山／橫在前面／／回首農家／一縷炊煙娓娓道來」。（註⑪）境界很高的小詩，暗示回家就有幸福，在外流浪不回家沒有幸福；更暗射，不回家想得到幸福，有如被一座無情的高山橫隔，幸福如緣木求魚！

大家常說「有夢最美」，劉正偉詩中許多的「妳」，一定是許多的美夢。一輩子，永遠，卡想也是妳一人，永遠不會幻滅，人生最美的風景，因為有妳。

註　釋

①引〈症十四行〉末句。劉正偉，《思憶症》（台北：文史哲出版社，二〇〇〇年七月），頁二四－二五。

②劉正偉，〈垂柳〉，同註①書，頁六二。

③劉正偉，〈水〉，同註①書，頁六六－六七。

④徐志摩，〈別擰我，疼〉，《我是天空裡的一片雲：徐志摩詩選》（台北：格林文化出版公司，二〇〇〇年六月），頁八七。

⑤劉正偉，〈分手後〉，同註①書，頁一四八。

⑥劉心皇，《徐志摩與陸小曼》（台北：大漢出版社，一九七八年八月十五日，二版），頁一五六－一五七。

⑦徐志摩，〈生活〉，同註④書，頁一－七。

⑧劉正偉，〈雅棉絮語〉，同註①書，頁六〇－六一。

⑨金尚浩，《中國早期三大新詩人研究》（台北：文史哲出版社，二〇〇〇年七月），頁二一－七。

⑩劉正偉，〈幸福的定義〉，同註①書，頁四七。

⑪劉正偉，〈歸〉，同註①書，頁五〇。

第四章 政治、社會、歷史與現實環境批判

這裡所說「政治、社會、歷史、現實環境」，分開來是四個極大分歧領域，合起來可以「政治批判或反思」一個大主題統合之。因為，政治是現代社會的「緊箍扣」，只有統治階層才有控制鬆緊的權謀，現代人從生到死，乃至一切事物，流浪狗如何處理？家門口的大樹能不能砍！兩個人能不能相愛！……凡此，都要經由政治程序（政黨協商、立法完成、公佈施行），方能順利、合法的去做，否則都是違法，寸步難行。

詩歌研究、賞析，為何要扯上政治批判或反思這些議題？一者是詩人也不可能完全自外於現代政治力影響，再者詩人作品（如《華文現代詩》九賢或其他詩社詩人作品），從未見過有百分百完全沒有「政治味」。換言之，古今詩人詩作，絕不可能一輩子所有作品，都不受政治環境影響，人的基因和環境是有互動性影響的。這是我深入而全面性研究許多詩人詩作，所發現的一項理論。

《華文現代詩》諸家作品，我也深入而全面的研究，每一家都有「普遍性」深度理解，擬訂出能包含詩人全部內容的各章主題，「政治類」不能視而不見。若筆者視而不見，不是心虛，便是違心或信心不足，對研究主題來說是不夠完整的，我所能做是降低政治敏感性，減少「鹹、溼」用詞，而非視而不見、略過不說。

正偉《思憶症》詩集以廣義情詩為主，俱有「政治意涵」的詩作約十首，本章選幾首意象鮮明，批判反思力較強的作品，也算此類作品代表作。這塊土地是大家安身立命的地方，不論政治、社會如何！詩人必然牽掛在心，述之於詩，乃言其志。賞讀〈報紙〉。（註①）

站在二十世紀末
國際版的地圖裡
老母雞腳底踩著的角落
川流不息的口水
似乎沒有斷流的跡象
股市曲線

是妳昨日起起落落的心電圖

詩是眾多孤兒之一
在茫茫人海找尋春天
文教版的菜單
只適合煎、烤、煮、炸
社會版殺人
永遠比救的人多
每天，你替社會寫日記
給世界寫回憶錄

而誰？來為美麗島嶼
沉默的大地寫
遺書

——《乾坤詩刊》十三期 二〇〇〇年一月

這首詩雖寫二十世紀末的台灣社會，但從大歷史觀之，也寫台灣四百年悲劇史。「川流不息的口水／似乎沒有斷流的跡象」，這些「口水」在爭吵什麼？外行的看熱鬧，親美？親日？遠中？口水淹沒全島；內行的看門道，數百年來的口水吵的不外「統、獨」二字，吵的全部島民精神錯亂，得了精神分裂症。〈報紙〉一詩情境，正是這種精神錯亂社會的寫實。

我說「台灣四百年悲劇史」，並非胡言，有點大歷史感的人心知肚明。二〇一六年九月間，台北有一場學術研討會，「台灣的悲愴年代：從皇民化到二二八事件」，台北市長柯文哲認為，台灣在三百五十年前就開始精神錯亂，鄭成功是錯亂代表。（註②）這是因為鄭成功收回台灣，他死後子孫分成統獨兩派，影響極為

柯文哲
350年前台灣就已精神錯亂

曾薏蘋／台北報導　中國時報.2016.9.11.A4

前監委黃煌雄創辦的台灣研究基金會昨天舉辦「台灣的悲愴年代—從皇民化到二二八事件」研討會，他在會中指出，從皇民化到二二八之間的台灣悲愴年代，阻隔台灣近代史和現代史，讓三代百年的台灣史無法有效連結，以二二八受難遺族身分與會的北市長柯文哲則說，台灣在350年前就已精神錯亂，鄭成功則是台灣350年前精神錯亂的代表，還領有海盜執照。

鄭成功是錯亂代表

自我認同是突變種

結束悲愴走向繽紛

北市長柯文哲（左起）、台灣研究基金會創辦人黃煌雄、台中市長林佳龍昨出席「台灣的悲愴年代」研討會。（鄭浩平攝）

深遠，到倭國竊佔台灣經五十年「皇民化」，台灣人民的精神錯亂更嚴重了。凡能讀到台灣詩人作品中的政治味，可以說全部和台灣數百年統獨悲劇史，有關係有連接。「詩是眾多孤兒之一／在茫茫人海找尋春天」，幾百年來，這孤島上，無數孤臣孽子，無力回天，各陣營人馬都被另一股極大勢力拉扯，失去自己的判斷力。於是，人人生生世世，只要活在這島上，你是必然的孤兒宿命，在茫茫人海中找尋春天，其實春天就在，因悲愴而找不到春天。

這種悲劇宿命，永遠無解，每一代人都「搞死自己」也是必然的下場。「而誰？來爲美麗島嶼／沉默的大地寫／遺書」，連「遺書」都要寫了，可見詩人對台灣政局的紛亂，可以說已經「死心」，極為悲觀，這是強烈的政治批判與反思。賞讀〈政客〉。（註③）

好想，為他們訂製一付風骨
清瘦的身影
不必餐餐需索油水滋補
無邊的胃口

好想，送他們一付扁擔
讓那些搖擺的身軀
擔一擔
我們沉重的生活
的苦

好想，為台北偉大的政治家們
打造一座斷層上的組合屋
讓高貴的長官們貼近地表，傾聽
地心溫柔的跳動
感受溫室熱情的烘培
以及萬能天父的冷感反應
徹夜享受大自然雨季交響樂章
任鐵皮屋頂上盡情的歡唱

好想，為他們打造一座古羅馬競技場
規則，皆由袞袞諸公律定
儘管用我的熱血當勝利紅酒
用我的頭顱身軀當戰利品
供您們盡性，豪奪
競技

——《勁報》副刊 二〇〇〇年四月二十八日

這首〈政客〉太有趣深刻了，開宗明義為「政客」下了定義，揭開政客的真相，原來政客就是沒有「風骨」的人。風骨一詞是中華文化特有名詞，中國傳統知識份子最重要的品格核心內涵正是風骨，這個詞英文沒有相對應的字。所以，你和洋人談「風骨」，他可能誤以為「風中有骨頭」，但你和讀中國書方塊字的人講「風骨」，他了然於心，不須多解釋。為政客「訂製一付風骨／清瘦的身影／不必餐餐需索油水滋補／無邊的胃口」，反諷那些政客們，天生就是貪污腐敗者，餐餐都要「油水」滋補，那是一個永遠撈不夠、吃不飽的胃口，天底下最大的壞蛋，就是那些邪惡的政客。

第二段要送扁擔給政客，「**讓那些搖擺的身軀／擔一擔／我們沉重的生活／的苦**」。搖擺的身軀表示沒有是非廉恥，完全是牆上草，那裡有利往那裡倒，為國為民全是謊言，為民喉舌根本也是騙死人不償命，政客眼中沒有人民苦難，唯利是圖。

「**好想，為台北偉大的政治家們／打造一座斷層上的組合屋**」。為何？斷層上建屋很危險，是不是讓政客早點「掛掉」？詩人應該不想借刀殺人。原來是要政客體驗社會底層弱勢者的冷熱，這裡稱政治家也是反諷。

最後一段反諷台灣最具國際知名度的議會打架，台灣的國會長期以來為統獨之爭，已成了一座「羅馬競技場」。據聞，不少國外遊客專來台灣看這種風景。弔詭的是詩人，「**儘管用我的熱血當勝利紅酒／用我的頭顱身軀當戰利品**」，這是鼓動殺戮還是「犧牲」？有這麼好的戰利品做誘因，那袞袞諸公的巧取豪奪和競技，恐怕更可以永不休止的幹下去；而人民，永遠還是在水深火熱中掙扎吧！尤其像台灣，悲劇已成為一種輪迴模式。

我心中很納悶的一點，台灣是否是政客最大產地？光是《華文現代詩》這小圈裡，以「政客」為主題創作，還有莫渝在《陽光與暗影》詩集，也有〈政客〉一詩。（註④）筆者當然也寫過，等於三分之一詩人曾以「政客」詩寫，合理推論台灣至少有一萬個「寫詩人口」，可能就有三千首以上「政客詩」，可見大家對台灣現狀（政治、社會）已到極痛恨的境界。詩人反應社會當時現狀，就像杜甫以「朱門酒肉臭、路有凍死骨」痛批當時社會政局，而帶給人民苦難的，正是那些領導和政客，唐玄宗李隆基、李林甫、楊國忠等，應受萬世批判。我們稱杜甫詩聖，因為他為廣大的人民發聲，批判政局；今天莫渝、劉正偉以詩批判「政客」，雖然大家都說「寫詩不要碰政治」，若筆者研究他們卻不彰顯他們這樣的情操，恐怕筆者以研究者的身份而言，有選擇性的忽略或失職之嫌。賞讀〈紀念品〉一詩。（註⑤）

兄弟鬩牆的陰森夜晚
月亮不禁慚愧掩面
繁星也躲在雲後哆嗦
北方夜魔趁機在你腰間吻上
結實的芳澤
夜裡的問候特別激動
迎面的鄉思竟是痛苦

熱血擦亮的星星特別耀眼
海沙吻過的烙印分外清晰
五顆發亮的星夢淚痕
依舊激動
他們從你腰間悄悄偷走
歲月的風霜

後記：金門古寧頭大戰在姨丈腰間留下五個彈痕的結疤，至今依稀可辨……

國共內戰留下的紀念品，想當年，六十萬大軍退守台島，有類似詩中紀念品者，合理推論至少四十萬人（含筆者先父），這些身上有帶紀念品的人算是幸運，乃至幸福的一群。有史多袍澤不是死於沙場，便是曝曬荒野或沉屍河海，歷史又一回重述杜甫詩的情境，「君不見，青海頭，古來白骨無人收。新鬼煩冤舊鬼哭，天陰雨濕聲啾啾」（〈兵車行〉末段）。民國初建，軍閥紛戰，倭人侵略，國共內戰……無數新鬼舊鬼，歷史怎麼一再輪迴？人始終學不乖！

現在的兩岸關係，依然夜夜「兄弟鬩牆的陰森夜晚……」持續下去，遲早有更多「五顆發亮的星夢淚痕／依舊激動／他們從你腰間悄悄偷走／歲月的風霜」。這些全是人民的苦難，古今中外有那個「政客」真為人民福祉？民主政治這種制度不會產生政治家，而只是政客的溫床，政客偷（竊、騙）走一切好處，只給人民留下「紀念品」，人民何時能悟？起來放逐所有的政客。

小結

尼采曾說：「偉大的真理是供人批判的，而不是供人膜拜的。」偉大的真理都可以批判了，何況那些「非真理」，更應該受到批判（含批評、檢驗）。假設，所有的人對自己所面對的政治、社會、歷史和現況環境，不斷批判、檢討，我們所生活生存的世界會日趨完善，詩人應有這個勇氣和使命感。尤其那些已成歷史的東西，更應該在每一代人都拿出來批判、檢討、反思。例如，前面提到唐玄宗、李林甫、楊國忠之誤國，杜甫忠實詩寫人民的苦難，後世的人應當成一面鏡子。歷史上留下很多「鏡子」，劉正偉的外祖父、祖父也為我們留下一面「鏡子」，傑出的孫子回顧祖輩的歷史，並反思之，賞

讀〈影子〉。（註⑥）

巨大的黑影竄過眼前
優雅的光線急於把我遺棄
將我的身影拉長於廣垠的沙漠
沒有人在他腦海移植
熱情和背叛的酵母菌
這孤寂城市迫切的需求
或許只是一場無聊的大雷雨
激情後的陰影

有個黑影在腦海閃過
未曾謀面的身形
巨大的形影
在南洋午後孤傲的望著

零式戰鬥機逝去背後
落日太陽旗飄搖的影子
歸鄉的外祖父
迷途的背影

在眼前晃過的巨人
少年離家的祖父
迷失在火燒島的身影
逝去年代噤聲的記憶
十年的吶喊　呼吸　日記
都用口沫寫在白牆上
蒼白的身影掛在白牆深處
找不到黑暗的出口

有個黑影在眼角閃過

巨大的身影
過去和未來影子
在我當下的腦海中交會
撞擊出一絲詩剎那的光芒
然後　繼續他們未完的旅程
一個向前　一個向後
在時空的操場上競走

——《笠》詩刊二一五期　二〇〇〇年二月十五日

用〈影子〉一詩，做為本章小結是全書找到最適合的。政治、社會、歷史和現況環境批判，是本章思考的核心價值，〈影子〉有這些價值，更加上文化認同的糾纏，這些複雜的糾纏如「**巨大的黑影竄過眼前**」，要糾纏好幾代人，從外祖父、祖父、父母親、正偉，乃至正偉的兒孫……要如何面對、反思問題？讓當下的自己處於最「自在」的狀態，而不被問題糾纏，須要有正確的心態看待歷史因緣，這是要智慧的。

正偉的外祖父被日本人征兵，送到海外打仗，這是百年糾纏的源頭，是個人不幸，也是歷史悲劇，那黑影何時消失？內心何時平靜？從人世間的現象界看，社會永遠是紛亂的，政治不會平靜，世界也永無和平之日，如同地獄也永遠不會空的。地藏菩薩也永遠不可能使地獄淨空，但祂老人家內心的地獄早已淨空；詩人面對這個現實社會，政治永遠是黑的，政客永遠是貪婪的，但我們內心可以自在，以我們的真性情，自在批判現實，讓這個世界增加陽光，減少暗影（引莫渝詩集名用）。

註　釋

①劉正偉，〈報紙〉，《思憶症》（台北：文史哲出版社，二〇〇〇年七月），頁九四－九五。

②中國時報，二〇一六年九月十一日，A4版。（剪報如附）

③劉正偉，〈政客〉，同註①書，頁九六－九七。

④莫渝，《陽光與暗影》（台北：新北市政府文化局，二〇一四年十月），頁七一。

⑤劉正偉，〈紀念品〉，同註①書，頁一一二－一一三。

⑥劉正偉，〈影子〉，同註①書，頁一三〇－一三二。

第五章 生活、生命與人生本質的思考

清朝竺庵大成禪師的一首詩偈，曾讓我反省很久，亦不知如何是好：「伯勞西去雁東來，李白桃紅歲歲開；萬事無過隨分好，人生何用苦安排。」人生怎能不安排？若持萬事無過隨分好，早被長官痛罵消極不長進，不適宜當一個革命軍人，回家幫老婆看孩子算了，這是軍人最大恥辱！

在我這「四年級生」，很早流行要做「生涯規劃」，人生全程都要有安排。主官、參謀要何時歷練？排長、連長、營長、旅長、師長、軍長、總司令……，初級班、高級班、參大、戰院，每個階段每一步都要「按步就班」進行。所謂「人生何用苦安排」，幾可與「腐敗墮落」相同語意。

人生終於從職場退下來，我回首前塵，所有計畫「安排」要做的事，可以說「完全落空」了結；而所有非計畫內的事，可以說全部意外地成就了，又證明了「人生何用苦安排」！

到有些年紀時，也很自然的悟了。生活、生命和人生現象很複雜，有些事汲汲向外苦苦營求，反而不可得，若能隨緣、隨分、隨喜，也就不爭而有。佛門常說：「緣聚則成、緣散則滅」，確實如是，人生的奇妙，真是難以言說書寫啊！

詩人最善於思索並體驗生活，感受生命的動力，詩就在生活中，不深刻體驗生活不會有詩，古今詩人詩論家大致如是說。明代大思想家王陽明詩曰：「**飢來吃飯倦來眠，只此修行玄更玄；說與世人渾不信，卻從身外覓神仙。**」世人大多不知真理就在生活中，向外走過五大洲三大洋，千山萬水說訪名師求真理，皆未能獲得只好回家，一進家門見煮飯的母親，突然頓悟真理就在母親身上，母親正是觀世音菩薩。怎麼以往數十年都把老媽當「女傭」，悔恨已不及啊！

世間真理都在生活中，愛因斯坦的相對論、宇宙公式 $E=MC^2$，都在生活中（行人和火車相對速度、物質變化、光和重力）體驗得出，進而實驗證明。詩也一樣，詩就在生活和生命中，無須遠求。司空詩品講到「自然」時說：「**俯拾即是，不取諸鄰。俱道適往，著手成春。**」（註①）即是好的詩就在生活中，俯拾即有，人生只有好好生活，悟得生命真諦，就能出口成章，著手成春。汝若渾渾爾，噩噩爾，與其他動物有何區別？

何來有詩？

《思憶症》詩集，可以說「溺陷」於生活的詩寫，「無可救贖」地詮釋詩人生命的價值，「我詩故我在」的人生戀愛放歌。而以最貼近生活、生命與人生本質思考的作品如：生活所見、只是想、城市速寫、孤獨者、我、無形、流、牙膏、檳榔西施及多首城市生活的思索。擇幾首賞析，〈生活所見〉：（註②）

沉默的蜘蛛
一輩子離不開灰白的網
生也是這片天空
死也是這點空間
只有迷惘的蝴蝶想逃離這步步陷阱
而露水，只是點綴風景的失足過客

這片陰影
奪走絢麗的色彩，也籠罩著

我的視界

——《乾坤》詩刊第十二期　一九九九年十月

《乾坤》詩刊創辦人藍雲先生，以這首詩為「眼光敏銳、觀察入微」代表作。看見人生像蜘蛛「一輩子離不開灰白的網」，洞燭這塵世間的「步步陷阱」，警惕人們不要像露水般，成了「失足過客」。（註③）這首詩確實頗多深意，詩外「空白、空靈」空間極廣，是想像力甚為豐富的作品。

「**沉默的蜘蛛／一輩子離不開灰白的網／生也是這片天空／死也是這點空間**」。這比喻眾生共相，有形的生命都是有限的，人類、獅虎、大象、鳥蟲、蚊子……不論那一種生命，都只能生活生存於某處有限空間（網），生也這片天空，死也這點空間。就算法老王、秦始皇等，把墓造得很大，與無限時空相較，依然「死也是這點空間」。但詩在文字以外的「空靈」處，暗示人生不能受困於有限的「時空網」，應該起而創造無限，創作寫詩就是突破有限時空的好辦法。

「**只有迷惘的蝴蝶想逃離這步步陷阱／而露水，只是點綴風景的失足過客**」。人生旅程必然要涉足社會各層面，而生存競爭和生活現實，職場上權謀鬥爭等，必然有很多陷阱，一不小心會「死的很慘」，如詩中這隻蝴蝶，也許沒有機會活命了。暗示人生有很多陷阱，想要平安生存、自在生活並不容易，大家都得用心小心！

「露水」是失足的過客，我比較傾向從兩性關係的情感面詮釋。露水通常比喻類似「一夜情」情境，如「露水夫妻」正是，一夜情可以是浪漫情懷，讓人既期待又怕傷害；但是，那也可能是人家設計的陷阱，你成「失足過客」，卻已千古恨，暗示小心「露水」。

「**這片陰影／奪走絢麗的色彩，也籠罩著／我的視界**」。這世界半黑半白、半善半惡，甚至很多地方黑暗罪惡更多，這些都是生命過程中可能碰上的「陰影」，會奪走絢麗的色彩，詩人並非完美的人，亦非萬能者。所以，詩人覺得，也籠罩著「我的視界」，這是人生的困頓，尋求突破人生所有困境是很難的，乃詩人「生活所見」。賞讀〈只是想〉一詩：（註④）

錶面踢踏的馬蹄聲
不停向前狂奔
我在後面苦苦追趕

只是想
跨上馬背
攬起轠繩
遠近由我決定
快慢由我掌握

只是想
跨上馬背
勒馬回頭
撿拾遺落在某條街的
那朵玫瑰

只怕
花已枯萎
讓記憶裡的花朵

永遠鮮活

——《秋水》詩刊一〇一期　一九九九年四月

現代人很忙，每週七天排滿了「功課」，天天都在「趕攤」，上午到晚上，一攤接一攤，銀髮族和年輕鮮肉同樣忙。這樣的生活方式，大約在十五年前被我「全面終結」，徹底轉型成「極簡風」，但對絕大多數人而言，還是怎一個「忙」字了得。

正偉年輕有活力，寫作外參加很多文學文藝活動，熱誠又有使命感，想做很多事。畢竟，人生有很多現實和複雜，有些事只能想想。〈只是想〉彰顯「人在江湖、身不由己」，並非所有事都能按自己進度去執行，後兩段有懷念「舊情人」的情境，讓舊情人永遠鮮活在自己心中，成為永恆的「夢中情人」。

「錶面踢踏的馬蹄聲」，錶面「踢踏」的走動聲，瞬間「跳接」成馬蹄聲，好接下句，「不停向前狂奔／我在後面苦苦追趕」。錶面是小聲微動，透過「跳接」，立即轉到人生戰場，讓詩擴張氣勢，有了強烈的張力，這是詩藝的功力。苦苦追趕也暗示，許多「春秋大業」要完成，拼命在「趕進度」。另外，也影射人生路只能向前走，時間一直「狂奔」，沒有回頭路可走。

一直向前狂奔很累，所以有時很想停下腳步，「遠近由我決定／快慢由我掌握」，甚至想「勒馬回頭」。這個勒馬回頭的意念可能有二義，一者可能真的累了想回頭，二者是放不下「舊情人」，想回頭見她一面，「撿拾遺落在某條街的／那朵玫瑰」，玫瑰暗示某 女子。

但情人分手就分手了，通常回不來，也許某方有錯或雙方無錯，理性和平決定各奔前程。只是那戀情怎能說忘就忘，定是一生難忘的經驗，讓對方住在心中，「讓記憶裡的花朵／永遠鮮活」，成為鮮活的「夢中情人」，相信也是人生美好的記憶。

幾乎所有詩人都寫過孤獨寂寞的詩，全台灣最孤獨的詩人應是「孤獨國主周夢蝶」，他雖已去了西方極樂世界，相信他依然是「西方孤獨國主」。

孤獨，應是人生最根本的本質，如何解釋這個問題呢？樂觀的解釋，如古德所述：「佛國好景絕塵埃，煙霧重重卻又開；若見人我關係處，一花一葉一如來。」往正面說，一花一世界，一葉一如來，眾生都有差異性，每個人都不一樣，要尊重每個「異世界」。這是從眾生都有佛性，都有慈悲心而言。

但通常眾生大多被欲望、執著「煙霧重重」，隔閡了佛性，失去慈悲心，看所有和自己不一樣的全是怪物，使自己孤獨加孤立。可能我們不知道，同一樹枝上的兩片樹葉，也有各自不同的個性和因緣，也互看不順眼，也是孤獨的，孤獨是人生和生命全程的本質。

看得更透些，生命生也孤獨，死也孤獨，不論在世公關多好，人際關係如何長袖舞弄，最後都一人孤獨上路，一切果報一人承擔，親人也不可能分擔替代，六道輪迴，長路漫漫，獨來獨往。一九五四年才圓寂的慈航法師如是說：「**法性本來空寂，因果絲毫不少；自作還是自受，誰也替你不了。**」法性就是自性，「自性本來空寂」，有很多佛法妙意，筆者難知其詳，但寂寞孤獨的內涵應是不少。詩人善於思考人生，當知孤獨是人生的本質，無論如何改變，只能改變少許現象面。賞讀〈孤獨者〉一詩：（註⑤）

站在二十一世紀的十字路口
紅綠燈同時閃爍著迷惘
前不見永恆的追尋者
後不見過往的引燈人
斑駁路標模糊了前進的方向
滾滾煙塵矇蔽著遠眺的視界

夢見，傳説中遺世的桃花源
卻遍尋不著渡津的溪口
像一朵漂泊的雲彩
不知將飄往古老的東方情境，或者
南方泰戈爾的理想莊園，或者
追逐西方的前衛浪潮
昨夜有風，在我
蒼茫的太白月光下，獨自，搜尋

這首詩寫孤獨者的孤獨感，也寫孤獨者的漂泊感，失去前進的方向感，不知目標在何處！更感孤獨。一切，都在獨自，搜尋中，有暗示台灣現況的情境。

但這詩應有三層次解讀，個人（詩人）、社會群眾、國家民族。「站在二十一世紀的十字路口／紅綠燈同時閃爍著迷惘……」廣義而言，眾生或任何社會、國家，均曾如是，日本二百年來掙扎於「脫亞入歐」，中國百餘年來掙扎於「中西」之間，台灣真慘！不見追尋者或引燈人。「斑駁路標模糊了前進的方向／滾滾煙塵矇蔽著遠眺的視界。」

這是身為人的困境，所知所見都極有限，每一代人都要重新重複學習，歷史教訓只屬極少的智者。詩人、眾生、社會、全人類，某種程度上，絕大多數在孤獨中搜尋，迷惘中找路、找出口。

人生多麼寂寞、孤獨！父母兄弟姊妹同事朋友夥伴、夫妻兒女親戚親人……你不可能充份認識與互動，對方也不可能完全理解你，不可能完全「真誠談心」。所謂知心之友，現代社會是不存在的，這正好成為現代各種創作者大量創作的「溫床」，有助於逼迫作家找到「出口」，找到自己的創作方向。

席慕蓉在南開大學說，小時候自己是個沒有朋友的孩子，從南京、香港、台灣，小學到初中，一路轉學，每次要重新適應，寂寞感就升高一層。直到老師送她日記，才終於找到自己的朋友，那就是詩。（註⑥）這應該也是很多作家詩人的同感。

人生從小我的範圍看，詩人生活在一方小小的國土，建設自己的理想國，所有的詩人都是「孤獨國主」。把範圍視野放大，地球繞著太陽拼命轉，太陽則在宇宙間流浪。你是誰？你在那裡？如何定位你？你在幹啥？都沒有足以服己服人的肯定答案，寂寞孤獨感油然而生。人寂寞、國家寂寞，城市更寂寞，賞讀〈城市速寫〉：（註⑦）

坐在速食店的玻璃裡享受
窗外快感的風景
蛇在馬路上盡情游走
季節風追不上木棉花的飄零
黑金生產趕不上挖掘的速度
忙碌的公車沖著我來
馬路追逐著計程車咆哮
排氣管說的廢話比人們多

我坐成了一座孤島
在鏡面泛動的光流裡努力泅泳
想逃離波濤洶湧的暗潮
驀然發現
這城市
人比路燈寂寞

生活、生命與人生之本質為何？這一切所為何來？始終是每個人一輩子的功課，無論怎樣想破了腦袋，也不會有「終極答案」。但詩人絕不會停止思考，我思故我在啊！再者，客觀世界的現實環境不斷撞擊你的思索，所見盡是罪惡，「蛇在馬路上盡情游走……」以及黑金……真是「滿街狠大」。詩人是有「潔癖」的人，放眼看整座城市，未見有「人」，乃「坐成一座島」，「這城市／人比路燈寂寞」。這是詩語言，表示城市裡人人寂寞，實際上眾生皆寂寞。

小結

生活、生命和人生的思索，若要說到終極之終極，本質的本質，應是《金剛經》的四句偈：「一切有爲法，如夢幻泡影，如露亦如電，應作如是觀。」若能領悟並修行《心經》所述：「色不異空，空不異色……不生不滅……能除一切苦。」相信都是人生的上乘境界，生命的終極價值，生活亦有了方向和目標。只是這樣的「上乘境界」，大概僅屬於修行有道之高僧大德，其次我等能有渴望動力，已算可喜可賀！賞讀〈我〉：（註⑧）

渴望太陽的熱情
渴望微風的柔情
渴望小雨的激情
渴望微風打破沉默
甚至只是
任何微渺的感動

——《笠》詩刊一四四期　一九八八年四月

渴望熱情、柔情、激情，必然會去找尋熱情柔情激情。人生有了這「三情」，生活會是多彩，生命有價值，人生有意義，寂寞孤獨至少不會常上門。而三情從何處來？有她、有詩、有繆斯！

註　釋

①蕭水順《從鍾嶸詩品到司空詩品》（台北：文史哲出版社，一九九三年二月），下篇「自然」注解。

②劉正偉，〈生活所見〉，《思憶症》（台北：文史哲出版社，二〇〇〇年七月），頁三五。
③藍雲，〈衣帶漸寬終不悔——劉正偉著《思憶症》讀後〉，同註②書，頁四一一〇。
④劉正偉，〈只是想〉，同註②書，頁四〇－四一。
⑤劉正偉，〈孤獨者〉，同註②書，頁四二－四三。
⑥杜晴惠，〈席慕蓉兩岸講詩，談原鄉夢〉，人間福報，二〇一五年十月二十五日，A6版。
⑦劉正偉，〈城市速寫〉，同註②書，頁八八－八九。
⑧劉正偉，〈我〉，同註②書，頁一四九。

第六章 詩人的生前告別詩

台灣近幾年來，似乎流行著上了年紀的人，自己先「預立遺囑」。如最近的作家瓊瑤預立自己的身後大事，表達臨終如何處理等，引起各類媒體討論。又如慈濟大學公衛系教授葉金川，則在二〇一三年間已交待家人，如果有那麼一天，他不要無謂的維生治療，寧願捐贈器官，骨灰撒在七星潭外海餵魚。（註①）當時才六十二歲的葉金川，在前往喜馬拉雅山脈的安納普納基地營前，考量到此行的危險性，乃預立遺囑。

台灣詩人群像中，以詩的形式預立遺囑，讓我最深刻的是文曉村先生，他在二〇〇七年八月，參加「首屆青海湖國際詩歌節」，行前寫〈八月，我將遠行——給愛妻〉。（註②）老詩人以八十高齡且健康欠佳，毅然參加青海詩歌長征，回台後於同年十二月二十五日病逝。

預立遺囑或生前告別詩（式），都表達一種坦然面對生死，且不怖於生死的態度。

其實絕大多數人依然是「千古艱難唯一死」，就是死拖活拖也絕不要死。幸好，多年來台灣的「生死教育」有點成績，慢慢的能叫人坦然面對生死，勿怖於生死。坦然不坦然，怖與不怖，差別很大，人生的悟與未悟由此看出，佛教的《景德傳燈錄》有詩偈曰：（註③）

佛不見身知是佛，若實有知別無佛；
智者能知罪性空，坦然不怖於生死。

人要怎樣看開生死？如何了脫生死？不怖於生死，乃至笑談詩寫生死！這要智慧，要看人生的境界。門道就在這首詩偈裡，有必要略為簡說。（註④）

「**佛不見身知是佛**」。什麼是佛？佛並不在身體、肉體物質上，肉體有生老病死，有貪瞋痴欲，身體感知的物質世界是不究竟的。佛已超越物質「色身」，而進入「法身」，遍滿虛空，充塞法界，沒有生死，不受時空限制；佛另有「報身」、「應身」。

「**若實有知別無佛**」。佛不能以知識、知覺來尋找，因為知識知覺來自分別，有了分別心就找不到佛，佛在無分別智中，不是透過分別能明白的。

「**智者能知罪性空**」。有智慧的人，他明白身體由罪業積聚是沒有自性的，即所謂罪性本空。經云：「罪性本空由心造，心若滅時罪亦亡」，人生罪福苦樂都是分別心造就出來、沒有分別心，就有佛了。

「**坦然不怖於生死**」。明白以上道理，便知一切唯心造，能坦然面對人生一切，當然可以坦然不怖於生死。

本文談詩，談詩人的「生前告別詩」，不能把一切事都用佛法解釋。但任何人能勇於預立遺囑，詩人寫下生前告別詩，其人生境界雖說尚未能了脫生死，至少已能坦然面對生死之事，以平常心看待。有這種勇氣的詩人，多少對自己作品的「穿透時空力」有信心，他的作品可以使他成為一個小型「法身」。他知道肉身有限，詩品無限，如李白杜甫等作品，人早已不見了，詩穿透時空，即無限又永恆。那短暫的生命就不要太執著了，坦然面對生命中的一切，賞讀〈輕聲告別〉：（註⑤）

有一天，悄悄的我走了
朋友們，請不要傷心哭泣

喧嘩只會引起騷動
讓陽光引領你們到我墓園來
像盛裝赴同學會一般
輕鬆

請讓我悄悄的走
就像我悄悄的來
請你們不要用銀紙收買心安
我討厭銅臭的異味
它奴役了我一輩子
夠了，在另一個世界
我選擇的職業是詩人
不需花錢
只要感動

如果可以，請你們
帶一束我摯愛的香水百合
或一首
你們嘔心瀝血的雋永小詩
容在你們走後仍有
飄渺的花息
和溫馨的詩歌
伴我走過漫漫長夜

初戀的情人啊
請妳在夜深人靜時單獨
帶一束深紅玫瑰　和
第一次約會的心情前來
我將化作溫柔的微風
輕輕愛憐妳的秀髮

當妳仰望穹蒼時
我將化作星星
妳會發現最亮的我
正向妳脈脈的述說
妳可以坐在我身旁皎潔的月光裡
傾吐別後歲月成長的煩惱和喜悅
當妳要離去時
請記得把我遺忘
遺忘在永恆的星河裡

最後
如果發現你們含淚的眼
我將化作微風
把你眼角的感動

輕輕的留下
如果你累了
請記得來找我——
我在天堂
不在地獄

——《秋水》詩刊一〇三期　一九九九年十月

用輕鬆浪漫詩語調，做感性的生前告別，「讓陽光引領你們到我墓園來」一句，看似平常，實有深意。古今中外有多少創作者，在他們身後還能吸引代代仰慕者，到他的墓園、故居瞻仰一番，萬中不得其一啊！拜倫、沙士比亞、李白、杜甫，他們的墓園故居才能吸引少數知音或遊客。正偉有信心，他的作品有機會穿透時空，吸引代代粉絲「到我墓園來」，這是文字以外「空靈」的訊息。

第二段很有趣，提醒到墓園悼念詩人的粉絲們，「請你們不要用銀紙收買心安／我討厭銅臭的異味」，這裡呈現所有真正的詩人對錢的心態，古今詩人都把錢叫「銅臭」，讓詩的芳香和銅臭產生強烈對比。但在現實生活中，有更多人如此想法，以薪水階級

（公、私單位）最多，因為拿人薪水也必然要受氣，更嚴重的長期被霸凌，為混一口飯吃只得忍氣吐聲，「它奴役了我一輩子」。

於是，很多能退休就退了，發誓下半輩子再也不賺錢，要好好過日子。關於這樣的理念，筆者利用二〇一三年到一六年擔任「台灣大學退休人員聯誼會理事長」機會，四年間對台大退休銀髮族「強力宣傳」，「不要人在天堂錢在銀行」、「沒用的全是遺產」「我兒子請你喝咖啡吃飯」，成效很好，讓「老友」們快樂花錢，而不是守著錢當「遺產」，遺產越多兒女越不爭氣，那不是愛孩子之道，是害，更是毀了兒女。但也不要誤解我鼓動老人花錢，連房子也賣了，非也！我們正常生活，自在花錢，如是而已。

詩人深悟被銀子「奴役」的人間生活。因此，他說：「夠了，在另一個世界／我選擇的職業是詩人／不需花錢／只要感動」。詩人真是當上癮了，也反證在〈症十四行〉一詩，最後一句「對妳，我患了無可救贖的思憶症」。（註⑥）這個「妳」，也是詩文學，女神繆斯，這輩子當詩人，下輩子還要當詩人。關於下輩子事，我聽過最感動的是：星雲大師說下輩子還要當和尚；我老婆說下輩子還嫁給我，我說下輩子想當和尚！

第三段詩人請粉絲來看時，帶一束香水百合或一首小詩，詩人多麼浪漫！接著是人間眾多要告別對象的主角，人世間最難忘的初戀情人，約會要有最高的私密性：「請妳在夜深人靜時單獨／帶一束深紅玫瑰　和／第一次約會的心情前……」這兩句也有深意，暗示這位初戀情人，這輩子未能「修成正果」，下輩子還要追妳，直到某一生世修成正果為止。多麼感動人的戀情，真可以拍成新版的「七世夫妻」電影。

情人約會盡是浪漫情境，「當妳仰望穹蒼時／我將化作星星……請記得把我遺忘／遺忘在永恆的星河裡」。男生把「馬子」的謀略，故作瀟灑，放長線釣「魚」。最後總結，詩人這輩子加加減減，很自信的表示他去了天堂，大家去天堂看他。賞讀另一首〈淡水河裡的浮萍〉：（註⑦）

置身滔滔兩岸間
不知經歷多少寒暑
只有奮力掙扎
唯恐淹沒有浪花泡沫裡
陸地是那麼的遙遠
儘管盡心盡力
卻依然載浮載沉

在歷史洪流裡
我只是濤濤江水裡的一朵浮萍
若我老去
請把我植入土裡
看看可否長出一朵
白蓮

——《笠》詩刊二一五期　二〇〇〇年二月十五日

雖非「生前告別詩」，也有暗示人生大去後的處理。明寫浮萍，但這首詩有多層次解讀。寫實浮萍第一層，影射人生的漂泊感是第二層，「唯恐淹沒有浪花泡沫裡……卻依然載浮載沉」。廣義而言，眾生皆如浮萍，在人海中浮浮沉沉，沒有百分百的自主權，人人都在浪濤裡奮力想抓住什麼！如權力、財富、感情……為策安全。就算有極大權力的人，如川普、習近平、梅克爾、普丁、馬克宏等，也沒有百分百自主決定一切，依然想抓住一些「助力」，確保自己不會「滅頂」。

再往更廣義思考，眾生都在六道中輪迴，也是浮浮沉沉，佛陀最初悟道便是「緣起法」，宇宙間一切都是因緣而聚，因緣而滅，並無自性，人人都是「濤濤江水裡的一朵浮萍」，這是生命的本質。顯然詩人已參透生命本質，坦然面對老去。

這首詩不合理的地方，在「請把我植入土裡／看看可否長出一朵／白蓮」。種瓜得瓜，種豆得豆是大家知道的科學和常識，種浮萍種子也不會長出白蓮。幸好，詩不寫科學和常識，詩要表達藝術和意境，如王維的「雪中芭蕉」，雪中不能有芭蕉，畫家出於意境需要，在同一畫面上呈現，也讓想像力擴張。

我想，如「白髮三千丈」「黃河之水天上來」，都是「解放」於科學和常識之外，讓想像力起飛，無限飛翔，美學藝術和意境盡出。這首詩最後「浮萍化白蓮」，不僅提昇詩的意境，想像力更豐富，也象徵人生的轉變昇華。如浴火鳳凰，開展另一面燦爛風景。

小結

在黑夜和黎明交接的時刻
如果我失足於兩岸間的激流

請記得乘龍舟將我撈起
裹以故鄉苑裡的草蓆
覆蓋一坏兒時黃土
上植一棵卑微的油桐
春天來臨時
將有雪花飄落
那是我送給土地最真的淚

——《笠》詩刊二一五期　二〇〇〇年二月

〈我最後的歌〉是詩人的遺言。（註⑧）如同前面兩首詩，詩人表達一種曠遠超脫，不囿於外物的生命觀，可謂「知命達人」。

「在黑夜和黎明交接的時刻／如果我失足於兩岸間的激流」。詩句有鮮明又弔詭的意象，黑夜和黎明兩岸，也象徵此岸與彼岸，生死兩界，詩人為何擔心「失足」？因為人生的風險、意外和引誘太多了，一不小心即失足成千古恨！整個生命的過程有如一處「激流」。所以，詩人已先假設自己，如果失足……於兩岸間。

幸好詩人達觀，提醒大家把他撈起來，「裹以故鄉苑裡的草蓆／覆蓋一坏兒時黃土／上植一棵卑微的油桐」，這樣就好了。顯示詩人對故土的懷念，簡約和環保的生活哲學，「春天來臨時／將有雪花飄落／那是我送給土地最真的淚」。人生將盡，依然感傷，儘管我們對生死如何達觀！如何看得開！千古艱難仍是一死！

星雲大師在〈我對生死的看法〉一文說過，人之所以畏懼死亡，是因不知道死後往那裡去，沒有目標的恐懼感。他曾和天主教單國璽樞機主教說：「來生，你還是去做主教，我也再來做和尚。」有了目標就不覺死亡可怕。（註⑨）

大師應邀出席單國璽樞機主教《生命告別之旅》新書發表會，天下文化創辦人高希均（右）主持座談會。2008.9.11

·圖片來源：同註⑨·

另外，恐懼死亡的原因，是對「生」的不捨，在世很多擁有（親人、財富等）放不下。所以要參透生死很難，要能悟透緣起緣滅的道理，理解三千大世界都是「假相」之真理。所謂「萬般帶不走、只有業相隨」，當你相信了「緣起法」，你就知道往那裡去！慈航法師臨終時說：「我究竟會到那裡去，我自有我的因緣關係。」（註⑩）大家不須為他超度，培養自己的因緣關係就好。

面對生死大未來，星雲大師下輩子仍做和尚，單國璽還是當主教，劉正偉轉世也當詩人，他們坦然不怖於生死，生生世世如詩之浪漫。

註釋

①聯合報，二〇一四年二月二十五日，A9版，記者詹建富報導。

②文曉村，〈八月，我將遠行——給愛妻〉，賴益成主編，《一盞不滅的燈——詩人文曉村追思錄》（台北：詩藝文出版社，二〇〇八年十二月二十五日），頁三二。

③《景德傳燈錄》，北宋時中國佛教史書，共三十卷，原名《佛祖同參集》。

④詩偈詮釋，按星雲大師，《星雲說偈》，曾在《人間福報》刊載。

⑤劉正偉，〈輕聲告別〉，《思憶症》（台北：文史哲出版社，二〇〇〇年七月），頁七六—

七九。

⑥劉正偉，〈症十四行〉，同註⑤書，頁二四－二五。

⑦劉正偉，〈淡水河裡的浮萍〉，同註⑤書，頁一三六－一三七。

⑧劉正偉，〈我最後的歌〉，同註⑤書，頁一四〇。

⑨星雲大師，〈我對生死的看法〉，星雲大師口述，妙廣法師等記錄，《貧僧有話要說》（台北：福報文化、中華佛光傳道協會，二〇一五年六月十五日），頁五四七－五六〇。

⑩同註⑨。

第　二　篇

《遊樂園》：詩人遊戲人間的記錄與詩思

劉正偉（最右）參加 2017 年詩人節詩歌展演。

第七章　那不滅定律是愛的滋味

《遊樂園》詩集，全書四輯六十八首詩，經仔細深入閱讀分類，有三十首詩可以定位在「情詩」上，散發著濃淡不一的「情詩意涵」。故，這本詩集情詩近半，也可以說是情詩集。

其他作品尚有：人生遊樂園的寂寞詩寫、遊樂園趣味詩寫、政治社會與現實環境批判感想、關於詩人詩作的思考。約略區分五大主題，分章擇其部份賞析研究，看看正偉兄創建這座「遊樂園」，到底有什麼樂子？政治社會批判反思作品，怕太嚴肅，影響遊樂園情緒，略過不述。

三十首有情詩意涵的作品，如雨、春天、故事、日子、思念、三個字、捕夢網、風之痕、太陽雨、當風起時、即將遠行、OOXX、愚人節的心跳聲、夢，不再令我傷悲等。賞讀〈當風起時〉：（註①）

雲的名字寫在水上
風一吹
就散了

然而，心裡有個深深的烙印
那年夏天，你錯手
將名字寫在水上
寫在我，小小的湖心
從此，當風起時
偶然下著綿綿細雨
或在幽微的夢裡
細細的水紋
總是不經意地，微微
漾著

・獻給永恆的初戀・二〇一二年十二月四日作

——《創世紀詩刊》一七四期，二〇一三年三月

按一般經驗觀察，男生的初戀總是成為「永恆」，一輩子不會忘記，且經常懷念著，不論經過多久，有如「物質不滅定律」，從物質化成能量一樣。微風細雨般的思念，在心空中永恆的存在、不滅。

反觀女生的初戀，分手後不久就忘得一乾二淨，再也不會去思念那個男生。這可能只是一種現象或表相，按生物學解釋，幾乎所有雌性動物都比較在乎兒女，而不太在乎「她的男人」；雄性動物則不太在乎兒女，而在乎「他的女人」。這只要常觀察、理解各物種本性，就可以知道的基本常識，人類只不過「靈長類動物」演化而來，多少受到生物性本能制約。

就算生物性再演化，昇華到了「人性」，通常女生比較含蓄，也許她也永恆，她也思念，只是放在肚裡不表達出來，吾人以為她忘了。這個情形比重很大，這只要看詩壇上，寫情詩的都是男性詩人，幾乎所有男詩人都寫過情詩，甚至有公開示愛的，女詩人

寫情詩則極少見，難以判斷「她的初戀」是否永恆？愛是否不滅？

「**雲的名字寫在水上／風一吹／就散了**」，短短三行十餘字，有很多想像空間，廣闊的「空靈」詩意之美。也許初戀情人有「雲」之名，或只是比喻，名字寫在水上，表示瞬間消逝，風一吹就散暗示初戀時間不長。凡能瞬間成永恆，必定是唯美浪漫的情境，成為不滅的滋味！

第二段十行，都是初戀結束後，男生心中的思念。「**從此，當風起時……總是不經意地，微微／漾著**」，似乎總在某種情境下，細雨微風，或幽微夢裡，想起那段纏綿的戀情。不知道「她」，如今芳蹤何在？賞析〈捕夢網〉：（註②）

漂泊的雲彩
妳的沉默，我靈感的微波
為什麼，妳總是望向遠方
低頭沉思
無視我，殷切的期盼

而妳終究飄過，無語
我只能張開觸網
伸向全世界
用一生的歲月
捕捉你逸出的，夢囈

——《乾坤詩刊》五十期，二〇〇九年四月

情人，不論是初戀或再戀者，似乎對「男人」影響都很深遠，但丁（Dante Alighieri, 1265-1321），九歲時認識小女孩Beatrice，長大因兩家門戶之別不能結成連理，小女孩成為但丁心中的繆斯女神，因她而完成《神曲》，「**用一生的歲月／捕捉她逸出的，夢囈**」，啊！情人！

以《情人》一書於一九八四年榮獲「法國龔古爾文學獎」的莒哈絲（Marguerite Duras），如是說愛情，唯有愛才能與死亡相抗衡，才能對付惡，才能抵擋生命中的厭煩：「世界上沒有任何一種愛可以取代愛情的愛，這是沒有辦法的事。」（註③）愛情雖然「偉大」，這位以愛情專家成名的女作家，也認為愛只存在片刻就會四散紛飛，問題在兩性溝通的困難，導致相愛都是短暫的。難怪世上沒有恆久的愛情，也就是這樣的特質愛情，「物以稀為貴」，短暫擁有所以珍貴。「爲什麼，妳總是望向遠方/低頭沉思/無視我，殷切的期盼//而妳終究飄過，無語」，讓一個王子用一生的歲月，想念妳，妳的愛有不滅定律的滋味。

兩性之間最重的詞字應該就是「我愛妳（你）」三字，洋人天天掛在嘴上，但受中華文化圈影響的社會，這三個字又重又貴，男女兩方都難以開口說出來。到底這三個字說不說和愛不愛有無關係？並無正式研究可依循。若以離婚率看，美國百分之四十六，法國百分之二十二，大陸地區百分之二十四，台灣地區百分之二十四。（註④）美國人最愛說我愛你，離婚率極高，幾乎結婚者有一半會離婚；法國人對感情據說很自由，離婚率並不高。可見「我愛你」說多了反易「失愛」，但為何大家還是很在乎這三個字？賞讀〈三個字〉：（註⑤）

說不出口的三個字
曖昧，在我們之間流轉
盯著螢幕的游標

多麼希望下一個字出現我
那將會讓人心跳加速到一百八
第三個字代表我的你
就算以和稀泥的泥字代替
我也能立馬感應

至於躡手躡腳的第二個字
許多人讀來總是憋憋扭扭礙手礙腳
礙曖璦嬡碍，唉
既期待又怕受傷害的第二個字
積累了數萬種情緒的醞釀
損耗了多少個夜晚的嘆息

讓人屏息以待
足以令人窒息的三個字

千萬千萬別說出口
一旦冒出了芽
春天就要啓程去旅行
有人就要開始去逃亡

——《創世紀詩刊》一七三期　二〇一二年十二月

情詩王子對這三個字定是很敏感的，而且戀愛的兩造都在思考要不要說。「**說不出口的三個字／曖昧，在我們之間流轉**」，如果說了，可能有很多不可預測的狀況要處理：㈠一方愛，一方不愛，嚇跑了對方；㈡說了愛要負很多責任，生活就變調；㈢若兩造都愛，就有婚不婚的考量，不管婚不婚，都有一堆嚴肅的問題面對，怕怕……；㈣決定愛在一起後，愛情會很快消失的無影無蹤，浪漫情愫都不見了。

左思右想，還是不要說，維持各自獨立，又可經常約會自由度假，多麼浪漫，何必「搬石頭砸腳」。於是，現在大家流行不婚不生，只要戀愛，有的甚至也不戀不愛，住在一起想幹啥就幹啥，就是不動情不負責，而且講好隨時無條件自由離去，大家無異議！

我不擔心人類滅絕，生物終會自己找到「出口」。再者，人類這物種本質上是情感動物，是需要愛與被愛的物種。（事實上我們看電視DISCOVERY節目，所有動物，獅、虎、犬、象、猩猩……都需要愛與被愛，你看猩猩相互理毛，大象帶著小象……，很容易感受到牠們在說「我愛你」；也有極少不需要愛與被愛的，相信那是生病或例外的個案。）所以，多數人仍是需要愛與被愛，期待對方說出「我愛你」，那是一種源自本性的自然感動。「**那將會讓人心跳加速到一百八／第三個字代表我的你／就算以和稀泥的泥字代替／我也能立馬感應**」，因為這是兩性之間的自然反應，最純真的愛。

寫本文時，我正在看電視《世紀天下：愛因斯坦》節目，大科學家被婚姻整得好慘，簡直快跳樓了，他和老婆米列娃已無法共處一室，米列娃叫他說出「我愛妳」三個字，愛因斯坦說不出口，答說：「這場婚姻，讓我們雙方失去了愛。」但大科學家也需要愛，於是他「出口」和表姊有了愛情……。（註⑥）對愛因斯坦和米列娃來說，那三個字已是「**憋憋扭扭礙手礙腳／礙曖璦嬡碍，唉**」；對他和表姊來說，則是「**既期待又怕受傷害的第二個字／積累了數萬種情緒的醞釀**」。啊！又重又貴的三個字，困擾地球上所有的物種，到底該不該說！要不要說！本性和現實間永恆的拉扯。

但是，我以為，愛是所有物種的「物質不滅定律」，更是「能量不滅定律」。愛是一種偉大的能量（E），不論是愛國家、愛民族或愛全人類、愛情人，愛都是「又重又貴」。愛的能量可用公式表式：$E=MC^2$。

打開人類歷史發展，這種散發偉大愛的能量，可謂代代處處有之，說與不說似乎並不重要，如照片中這對老夫妻，他們可能一輩子沒說過「我愛你」三個字，看那神情，請問讀者，他們「愛情」還在嗎？

情詩王子總結「我愛你」問題，還是別說較好。「**足以令人窒息的三個字／千萬千萬別說出口／一旦冒出了芽……逃亡**」。不說，條條大路通自由光明；說了，通死巷。愛，是多麼偉大而弔詭，沉重又珍貴，能量可以超過原子彈、核彈！

賞讀〈OOXX〉：（註⑦）

我吻過你的悲傷
像熱帶魚吻著晶瑩的珍珠
我穿越你幽怨的森林
像越過海底的水藻

聽過你無數歡愉的歌聲
像微風輕輕飄過幽谷

在某個狂熱的仲夏夜
我探索你的 OO
你安撫我的 XX
一段悲喜交加的瘋狂季節
OOXX

這是一首有性愛暗示的情詩，性愛吸引力和想像力也是情詩重要內涵。情人也好，情詩也罷，若完全抽掉性愛的原始動力，兩造之間也完全沒了性愛想像力或機會，情人和情詩便都不成立。這是一項基本假設前提，往下發展出情人關係（含夢中、想像情人），過程中有情詩產出，都是對假設的論證。

「我吻過你的悲傷/像熱帶魚吻著晶瑩的珍珠」，這是「前戲」，熱帶魚比喻人，接下來，「我穿越你幽怨的森林/像越過海底的水藻」，性愛暗示有些明顯了，意象開始蠢蠢欲動，到第二段的夏夜，性愛場景完全呈現，「我探索你的ＯＯ／你安撫我的ＸＸ／一段悲喜交加的瘋狂季節／ＯＯＸＸ」。世間經典的出現，都是人瘋狂後才有的，沒有一夜瘋狂，那有情人？那有情詩？

小結

詩人洛夫有一首情詩〈吻〉，「以兩片黑水藻／輕輕地掩住……海呀！封閉在一隻白釉磁的甕子裡／被醃鹹了的岩石，軟軟的」。（註⑧）吻只是性活動的前戲，活動即已開始，通常會進行完成。注意洛夫用了水藻和海的意象，劉正偉的〈ＯＯＸＸ〉也是「越過海底的水藻」，人類對原始本能活動的感受應該是類似的。因此，不論是何人！對情人的思念也應該「感同身受」，賞讀一首〈思念〉：（註⑨）

山寂寞，因為承載太多的思念
繡枕，沒有馨香難以入夢
門口擱著孤零零的傘
為何風，總是選擇逃亡

想望的信紙，寫了好幾簍
再多墨水也寫不盡的思緒
哪一款鑰匙，才能打開深鎖的心扉
窗外的樹，孤傲的詩人哲學家
卻讓風，把醞釀的思絮拐跑

昨夜夢中，遇見了最耐看的一本書
都說沒喝酒，為何天空搖搖晃晃
看不見的網路，總是指引我走向妳
啜飲香濃的咖啡，迷漫著初吻的滋味
對妳的思念載不動蚱蜢舟
思緒游來游去，一直往妳的方向
像滑鼠划來划去，能否划進妳的心海？
萬籟俱寂，妳的笑聲在腦海中洶湧
昨夜失眠，竟把晨曦看做黃昏

一首典型想念舊情人的情詩「爲何風，總是選擇逃亡」，象徵戀情總是難以持久，情人很快就不見（逃亡）了，從此只剩思念。「看不見的網路，總是指引我走向妳……思緒游來游去，一直往妳的方向/像滑鼠划來划去，能否划進妳的心海？」想來，情詩王子當初應該用情甚深，才有如是思念，也再度證明那不滅定律是愛的滋味。「啜飲香濃的咖啡，迷漫著初吻的滋味」，初吻開啟不滅的能量。

有點學術研究基礎的人當知，對任何命題的解釋，不同的研究途徑和工具選擇，都會出現不同的詮釋結論。例如，兩性「愛情現象」的解釋，用弗洛依德（Sigmund Freud）性學論、達爾文（Charles Darwin）進化論、阿德勒（Alfred Adler）自卑論，乃至馬克斯（Karl Marx）鬥爭論，或存在主義虛無論，資本主義「一隻看不見的手」論，都有不一樣解釋，得出不同結論。

儘管對「現象」解釋都各家不同，筆者亦不想「定一尊」，就使百花齊放。但愛是必然存在且恆久，各家大致有這種看法，這是我說的「那不滅的定律是愛的滋味」。

註釋

①劉正偉，〈當風起時〉，《遊樂園》（苗栗：苗栗縣政府，二〇一三年一月），頁八。

②劉正偉，〈捕夢網〉，同註①書，頁一八。

③莒哈絲（Marguerite Duras, 1914-1996）。一九八四年，她以《情人》一書，榮獲法國龔古文學獎，暢銷世界各國，使她享譽國際，一九九六年她逝世於巴黎。本文引莒哈絲著、繆詠華譯，《懸而未決的激情：莒哈絲論莒哈絲》（台北：麥田出版，二〇一三年七月），〈激情〉，頁一六四－一六七。

④人間福報，二〇一六年一月四日，五版。

⑤劉正偉，〈三個字〉，同註①書，頁三九－四〇。

⑥《世紀天才：愛因斯坦》一劇，由《國家地理雜誌》播出（電視一八台），從二〇一七年五月開始，每週一晚上十到十一時播放，寫本文時尚未播完。

⑦劉正偉，〈OOXX〉，同註①書，頁一九。

⑧洛夫，〈吻〉，喻麗清編，《情詩一百》（台北：爾雅出版社，一九八三年一月日），頁一四九。

⑨劉正偉，〈思念〉，同註①書，頁二一。

第八章　人生的遊樂園：長有寂寞和虛偽的草

詩集叫「遊樂園」，顯然詩人要突出他的人生觀。正偉在詩集〈自序〉開宗明義幾句話，與我的觀念很契合，他說：「取名遊樂園，是個人以為人生苦短，我們應該抱持遊戲人間的態度，隨緣隨喜，把這世界當成一座遊樂園，而非失樂園，從容面對生死，樂觀面對生活。人生如夢，我們都是朝夕過客，轉眼即成過往雲煙；人生在世，無需計較太多，隨遇而安，心境舒坦即可。因此，《遊樂園》就是我遊戲人間的記錄與詩思。」（註①）天啊！這段話太入我心坎了，我似乎聽到某一高僧這樣開示過，如此有正面價值的說法，我也常常加以闡揚「傳道」。

正偉這段話不僅和筆者所思契合，也幾可當成佛法對人生論的「劉正偉版」說法。仔細閱讀理解，我先以四個小題闡述「劉說」。

人生苦短、如夢如幻：佛法認為人生本質是苦，主要有八苦（生、老、病、死、愛別離、求不得、怨憎會、五陰熾盛）。五陰新譯為「五蘊」（色、受、想、行、識），五蘊煩惱，如火熾燃，焚燒身心，苦海無邊。因為人生太苦，所以佛法要去除人間一切苦，這有可能嗎？《心經》曰：「照見五蘊皆空，度一切苦厄……心無罣礙，無罣礙故，無有恐怖……能除一切苦，真實不虛！」佛法要除去人生眾苦，人生不就是遊樂園！

人生的短暫又無常，佛法也講的很多。如《四十二章經》第三十八章：「佛問沙門：人命在幾間？對曰：數日間。佛言：子未知道。復問一沙門：人命在幾間？對曰：飯食間。佛言：子未知道。復問一沙門：人命在幾間？對曰：呼吸間。佛言：善哉！子知道矣！」無常是佛法重要論述，也是宇宙間「緣起法」的現象和本質。

這個真理也就是《金剛經》的四句偈：「一切有為法，如夢幻泡影，如露亦如電，應作如是觀。」人生如夢幻，生命無常，過去心、現在心、未來心皆不可得。所以，人生必須活在當下，把握當下，使人生成遊樂園。

隨緣隨喜、**隨遇而安**：佛陀在菩提樹下悟道，第一個悟到的是「緣起法」，宇宙萬物，人生一切，都有因緣，緣聚則生，緣散則滅，所以人生要隨順因緣。《入楞伽經》說：「諸因緣和合，愚痴分別生，不知如是法，流轉三界中。」六道三界都離不開因緣流轉。《緣生論》更說：「藉緣生煩惱，藉緣亦生業；藉緣亦生報，無一不有緣。」劉正偉應該對「緣起法」有所認識，才能隨緣隨喜，隨遇而安。如是，人間便是遊樂園。

朝夕過客、生死從容：這項與前述緣起法都是同一掛，理解因緣真理，一切有為法，如夢幻泡影，就必然有「朝夕過客、生死從容」的信念。所以才能〈輕聲告別〉，寫下「生前告別詩」。（註②）不怖於生死，乃能生死從容，佛經《長阿含經》曰：「世間無常，人命逝速，喘息之間，猶亦難保。」我們眼前實例，新聞天天都有，看得叫人心驚肉跳，要怎樣生死從容？《坐禪三昧經》曰：「生時所保惜，死則皆棄捐，常當念如是，一心觀莫亂。」有認識、有信念，事到臨頭，就能方寸不亂，不著急、不緊張、不慌亂，從容面對，生也安然，死亦自在。

人間樂園、樂觀生活：佛法看到人生眾苦，才要透過緣起法、無常觀，創造人間「遊樂園」，讓人脫離眾苦，這便是很多高僧大德和信徒所努力的「人間淨土」。佛光山多年來的傳法信條之一，正是「給人歡喜、給人快樂、給人信心」等。自己先要快樂，才能給人快樂，《星雲說偈》有一詩：「木樨盈樹幻兼真，折贈家家拂俗塵；莫怪靈山留一笑，如來原是賣花人。」（清．澄波）這詩的本心，在提醒我們做靈山會上那一朵花，給人喜悅，給人快樂，自己當然也快樂喜悅。

劉正偉〈自序〉那一段話，大約開展成前面四個小主題，而以人生遊樂園貫通他整個人生哲學。《遊樂園》詩集正是他的生活詩記，賞讀〈遊樂園〉一詩：（註③）

我們在遊樂園玩捉迷藏
躲著躲著
忽然，一張開眼
頭髮就斑白了

再回到遊樂園
看著別人的童年和自己的
在爭執，在搶著
誰不當誰的朋友
誰又不當誰的女朋友
踉蹌的走到秋千架，盪千秋

是否？盪的愈高
直到了雲層的高度
就可以碰到童年的玩伴
一起歡笑
一起在遊樂園

——《人間福報．副刊》二〇一三年八月十五日

童年玩捉迷藏的記憶，「躲著躲著／忽然，一張開眼／頭髮就斑白了」，瞬間就快過了一輩，時間也過得太快了，正好證實人生如「白駒過隙」成語。但這是現代詩的「跳接」技巧，以二分法進行瞬間跳接，其他名句如淡瑩〈飲風的人〉「左肩剛披上秋色／右肩已落滿雪花及鄉愁」；洛夫〈煙之外〉「左邊的鞋印才下午／右邊的鞋印已黃昏了」。（註④）比較正偉、淡瑩和洛夫，三家都用「分寫」形容時間跑得多快！那家最快？當然是正偉最快（淡瑩瞬間過一季、洛夫瞬間過半天、正偉瞬間過了數十年）。〈遊樂園〉一開始提醒，人生很短暫，瞬間就過了，暗示我們活在當下。

童年很快過了，第二段換自己看別人的童年，不管是自己或別人的童年，都是一座

遊樂園，玩著人生的成長遊戲。「在爭執，在搶著／誰不當誰的朋友／誰又不當誰的女朋友」，這樣的遊戲，我們也玩了一輩子。青春年少稚愛的「女朋友」，詩人永遠都記得，並在許多的詩裡，永遠思念著！

第三段「踉蹌的走到秋千架，盪千秋……一起在遊樂園」。這裡從「秋千」變「千秋」，應該另有所指，人生戰場越盪越高，事業成就越大。至於「直到了雲層的高度／就可以碰到童年的玩伴」所示為何？就留給大家去發揮想像力了！遊樂園裡不是只有遊樂，有風險、有寂寞及其他種種。賞讀〈我有一個叫寂寞的朋友〉：（註⑤）

我有一個叫寂寞的朋友
白天，他躲在我腦海
時而，泅泳
時而，衝浪
常找不到時間聊聊
傍晚，他化作長長的影子

拖著沉重的步伐
陪我繞過朵朵街燈
回到一個熟悉而陌生的窗前

現在，他化作詩行
時而，跳躍
時而，跌宕
我輕輕擁他入懷，細細呵護
希望他好好入眠，快快長大
一個叫寂寞的朋友

——《乾坤詩刊》六七期 二〇一三年七月

人的心裡住著許多好好壞壞的朋友，孤獨寂寞食色等，還有貪瞋痴慢疑……數之不盡，全都陪伴你在人生遊樂園裡，忽遠忽近，時有時無。這些朋友，有的會成就你，有的可能會毀滅你！所以在遊樂園裡不是光玩，「玩」的學問很大。如果你以為就是玩玩嘛！不必用心，你就可能玩「完了」！人生最怕玩完了，或愈玩愈回頭。但詩人顯然是聰明人，很會玩「**現在，他化作詩行**」，玩出一行行詩，玩出一本本詩集。

不說別的朋友，只說寂寞這位朋友。寂寞是人生的本質，千山都是獨行，眾生「一花一世界、一葉一如來」，沒有兩個是一模一樣完全相同的。不光人寂寞，鬼也寂寞。古來流傳這樣一首詩，〈鬼的感嘆〉：

寂寞荒郊一夢長，古今人事懶思量；
閒花野草歡多少，明日浮萍笑幾場。
夜雨白雲同宿臥，曉風紅日伴行藏；
當初悔不修行早，空對青山淚兩行。

不難理解這首詩，說一個人死了以後，成為一堆枯骨。他（人們習稱鬼）很感嘆自己生前沒有好好修行，光顧著玩，如今只能「寂寞荒郊一夢長」，死後在荒野寂寞。詩外之意，在警示世人，要把握有限生命，修行學習要趁早，不要只顧著玩，把自己玩「完了」，寂寞荒郊一夢長，長夜漫漫無了期，後悔已來不及。

人內心各種朋友（寂寞、孤獨、執著、煩惱……），並無絕對好壞，端賴以何種心態相處，化負面為正面價值。例如，執著於學習、助人救人，而「煩惱即菩提」，寂寞孤獨轉化成創作動力，於是你大可擁抱寂寞朋友「我輕輕擁他入懷，細細呵護／希望他好好入眠，快快長大／一個叫寂寞的朋友」。把人間當成遊樂園，又能玩的頭頭是道，玩出這麼多好作品，寫本文前後幾天（二〇一七年六月初），正偉正在「民視電視台」玩「飛閱文學地景」，朗頌他的作品〈詠南崁溪〉。（註⑥）看他積極寫作，參與各項文學活動，玩得不亦樂乎！

能玩到這樣成績已是一種「玩家」，用《金剛經》語言形容：說是玩，即非玩，是名玩！說遊樂園，即非遊樂園，是名遊樂園！賞讀〈夢〉：（註⑦）

夢中
我們舉起高腳杯，杯觥交錯
然後拋開善於偽裝的面具
扒開彼此道德的層層袈裟
舞動青春醉後的肉體

揮汗如雨
熾熱的四目交接，然後
火拼

夢醒
我們堆起笑靨
急於穿起交際的晚禮服
繼續，偽裝飢渴的彼此
繼續，言不及義的交談

按讚

這首詩以「夢」為主題，表面上寫一種「夢境」，實際上是對人類文化文明的反思，甚至對人類社會進化到現在互動模式的「質疑」，或是批判。何謂自然？何謂真誠？假設人類尚在猩猩階段，任何時候高興就在野地交配，大家都不穿衣服不洗澡，相互理毛是友誼的表現，這最自然、最真誠，大家都不需各種「面具」。因為，大家說「天然的最好」！於是，「天體營」出現了！更有主張放棄所有的文明，世界上再也沒有虛偽「舞動青春醉後的肉體……火拼」、沒有「言不及義的交談」，就地交配，自然！真誠！

但是，我們是人類，所謂的「高等智慧生物」，我們有文化文明，要道德要禮儀，怎麼可以就地「交配」，我們慎重行「周公之禮」，按規矩程序行走。此外，還有四維八德、三綱五常、社會六倫、國際禮節，看到女生不可以先伸手……啊！偽裝的面具、道德的層層袈裟「穿起交際的晚禮服」……之後，人還像個「人」嗎？人性還在嗎？人的「本來面目」怎樣呈現？是這首詩反思、質疑的核心問題。賞讀〈過客〉：（註⑧）

如果有一天
我消失於茫茫人海
請不要尋我
我不是在夢中，就是往永恆的路上
有人說：帶點不期而遇的旅行
才能發現生命的驚喜

終究，我只是你旅途中
微不足道的，渺小的

我不是太陽
只是幽谷中一陣不期而遇的微風
在風飄葉落之間，與你
邂逅

註：有人說二句，為Dapheni語。

——《台灣時報‧台灣文學副刊》二〇一二年九月十一日

深悟緣起法，理解人生一切都是緣起緣滅，當知人人到世間走一趟，都不過是過客。這首詩看淡世情，所以能說「如果有一天／我消失於茫茫人海／請不要尋我／我不是在夢中，就是往永恆的路上」，所謂「不期而遇」就是隨緣的意思，可見詩人在遊樂園中玩，不是光玩，在玩中領悟生命的意義和真相。

「終究，我只是你旅途中／微不足道的，渺小的／，／……不期而遇的微風／在風飄葉落之間，與你／邂逅」。無邊無際的遊樂園，無窮盡的時空，人如逗號（不也像初生的蝌蚪嗎？）渺小油然而生，如在天地之間浮游，隨緣而飄，境界乃出。

小結

遊樂園並非只有遊樂，園中有怪事怪人，好壞都有，詩人遊戲人間記錄和詩寫，當然客觀真實呈現人間「真相」。儘管這個世界有很多黑暗和人的罪惡，但詩人始終以樂觀正向的態度看待這世界，賞讀一首對這個世界小有批判的詩〈小〉：（註⑨）

每個人都把自己吹成氣球
將自己膨脹成全世界
我知道，在你的眼裡
我只是路邊一顆小小石頭
看了礙眼，踢了痛腳

我也知道，我可能是清晨
路邊，一滴小小的露水
或是，機械裡的一顆小螺絲
也許是，更渺小小小小的一根
針

這首詩有境界、有深意，第一段批判了很多人的自大心態，但自大源於自卑，這是基本知識。從他人的自大，反思並警惕自己要謙卑，末兩行也有「空靈」之意，「**也許是，更渺小小小小的一根/針**」。大家都知道，「針」雖小卻很可怕，氣球不論吹的多麼大，被針戳一下就完了，一根針刺在巨大恐龍眼裡牠也完了，暗示詩人渺小也有厲害的功夫，這是詩的深意和境界。

「遊樂園」除了長有寂寞和虛偽等草類，主要還是「創造快樂」為最高價值。用佛經《方廣大莊嚴經》裡一詩偈，小結詩人的人生遊樂園：「**遠離眾罪垢，不著於世間；永斷我慢心，是爲最安樂。**」人生最安樂並非財富妻妾，而是消除自高我慢、驕傲自大的心。

詩人堅信「**我只是路邊一顆小小石頭……一滴小小的露水……**」永斷慢心，人生遊樂園中他最安樂。

註釋

①劉正偉，〈自序〉，《遊樂園》（苗栗：苗栗縣政府，二〇一三年一月），頁五－六。

②劉正偉，〈輕聲告別〉，《思憶症》（台北：文史哲出版社，二〇〇〇年七月），頁七六－七九。

③劉正偉，〈遊樂園〉，同註①書，頁十一。

④張春榮，《一把文學的梯子》（台北：雅爾出版社，一九八五年十二月二十日），頁一九〇－一九一。

⑤劉正偉，〈我有一個叫寂寞的朋友〉，同註①書，頁三〇。

⑥劉正偉參加「民視電視台」「飛閱文學地景」節目，朗頌他的詩〈詠南崁溪〉，播出時段：二〇一七年六月三日下午四時五十五分；四日凌晨一時五十分、上午十時五十分、下午三時五十分；五日午間一時五十分。筆者在自家客廳觀賞並照相放本書各處，當做紀念。

⑦劉正偉，〈夢〉，同註①書，頁七〇。

⑧劉正偉，〈過客〉，同註①書，頁五一。

⑨劉正偉，〈小〉，同註①書，頁二六。

第九章 詩・人・詩人・愛・吾愛

詩人所思所念就是詩，怎樣寫出好詩？所以詩人常在思考怎樣才叫「詩」？還有詩和人（作者自己）的關係，人生如白駒過隙，詩人在這個世界很快一個個走了，詩人不在詩還在嗎？有人讀看欣賞就是在，若皆無便是不在。代代有人欣賞，人死詩活著，成為傳世經典；反之，人死詩亦死，從此無人提起，想必那詩是什麼？那詩人又是什麼？一個有詩使命的詩人常在思考這些問題，劉正偉正是這樣的詩人。

什麼是詩？古今中外眾說紛紜。如「詩言志」，《詩大序》：「詩者，志之所之也，在心為志，發言為詩，情動於中而形於言。」這是最古老流傳最久的說法，歷史上可能有千百家說。但以魯迅說法最有時代性並鼓舞詩人：「詩是民族的聲音。對於時代精神，詩應該是最敏感的水銀柱。沸騰的生活像海洋，而詩呢，詩就是它的波浪。它反映出生活的五彩繽紛，它歌唱出人民創造的巨大聲音。」「叫後人回憶到我們這個時代的時候，不憑歷史書而憑我們的詩句。」（註①）詩要是民族聲音、時代精神，我比較能高度肯定，若能取代歷史書那就叫偉大了。

歷史上偉大的詩人不多，但詩人很多，可見要讓作品可以代代傳頌，「人死詩活」難度很高，從三不朽觀點看，能使「詩活」的詩人，他也未死，他成為一種「法身」。就台灣詩壇眾多詩人來看，以詩論家蕭蕭的標準，「在台灣，真正的詩人恐怕只有一個，那就是羅門。」（註②）

這是否對眾多詩人是嚴重的打擊？因為他們都不是「真正的」，羊令野、張默、洛夫、瘂弦、周夢蝶、余光中……，還有《華文現代詩》這一掛，劉正偉下輩子還當詩人，難不成都是「假的」詩人！蕭蕭界定羅門是台灣唯一真正的詩人，有三個原因：㈠羅門退休後，除了寫詩與詩評，不事任何行業，生活優遊，其他詩人都是業餘寫作。㈡羅門心中只信仰詩，與詩有關的活動，他才樂於討論、參與。㈢羅門真能從詩中得到快樂，他不牽掛任何事，全心投入詩的享受中，那樣著迷，無人可及。

依據這三點判定「真正的詩人」，筆者以為不夠週圓。關於第一點，不少老一輩詩人，退休後也是全職於詩工程活動等，詩壇皆知，不須舉例。第二點對詩的熱愛達到「信仰」的程度，老一輩詩人有多位亦不須舉例。而能達到前兩項程度，通常就會合乎第三點從詩中得到快樂。假如僅就蕭蕭三條件說，筆者認為當代台灣地區「真正的詩人」，周夢蝶、涂靜怡、張默、余光中、文曉村這五位也是，文曉村是把生命獻給詩，為詩而死的詩人。（註③）儘管前述六位詩人（加羅門），他們所持主義、思想等詩觀不同，但他們一生對詩的執著和貢獻，絕對夠格叫「真正的詩人」。魯迅所說後人回憶到我們這個時代，不憑歷史書而憑我們的詩句。我想，以上六位最有機會讓後人去回憶了！

筆者以為「三條件說」不夠週圓，因為沒有包含情操和天賦。我們只要看看歷史上所有「偉大的詩人」，他之所以「偉大」，都和情操天賦有直接關係，而和「三條件說」關係不大，這是經得起研究檢驗的。當然，真正的詩人，不一定是偉大的詩人，因為最後要經由「時間判官」做終極裁示。

台灣地區詩人很多，一輩子獻身於詩又有質量均佳的作品面市，至少可以舉出數十名家。僅就筆者參與這《華文現代詩》小圈裡，許其正、莫渝也都「苦幹實幹」半個世紀了，經比對也算合乎「三條件說」，也應是「真正的詩人」。至於本文研究的主角，年輕一代的劉正偉，雖和「三條件說」小有落差，但補以情操和天賦，加以他說「下輩子仍要當詩人」。（註④）面對這樣要把兩輩子都獻身於詩的詩人，還能說他不是真正的詩人嗎？正偉是把詩叫「吾愛、情人」的詩人。

所以，對於正偉這樣的詩人，他心中思索著詩、詩人、愛、吾愛、情人。他表達了什麼詩意、境界？他在《遊樂園》裡有幾首詩，可謂是樂園裡的「奇花異草」。賞讀〈詩人〉：（註⑤）

他們說你是詩人
我說：是也不是

因為，我明白
像情人夫妻必然撒手一別
有一天，詩與人終將分手

我知道，那時
我將成為一坏黃土
或是殯儀館的一縷黑煙
而詩，會自己勇敢活下去

「他們說你是詩人／我說：是也不是」。「他們說」有人云亦云之意，是不是詩人不是他們說了算數，甚至也不是同時代人說了算數。包含筆者寫現在任何詩人詩評，說誰是詩人，全非定論，都不過是「暫時性假設」，必待長時間考驗，後代人判定才是定論。所以，詩人回答「是也不是」，這是詩人的謙虛和認識，再者詩人不想落於「名相」，落於名相就成了執著。用《金剛經》語法，說是詩人，即非詩人，是名詩人（暫時假設是詩人）。

但詩人對自己是有信心的，不爭一時爭千秋，人生短暫，人和詩很快就分手。當有限的生命結束，「而詩，會自己勇敢活下去」，他的作品會代代有粉絲，後世評論家會給他的詩應有的歷史定位，等同詩人又活了，活在後世代代讀者的心中。賞讀〈詩〉：（註⑥）

詩，在偶然間萌芽
在曖昧中成長
在熱戀時發酵

在猜忌中毀傷
在狂風暴雨中迷失
當我們之間有了
愛
這世界就開始開始膨脹
開始，語無倫次

這首小品寫詩也寫愛，詩是詩人的吾愛，所以詩和愛有共同屬性，二者同樣「**在偶然間萌芽／在曖昧中成長／在熱戀時發酵**」。這是不是談戀愛的經驗？愛正是這樣成長的。但就詩的形成而言，暗示「自然」和「靈感」是詩萌芽的溫床，在生活中「不取諸鄰」是謂自然；而靈感是詩人的主觀世界與客觀世界最愉快的邂逅。（《艾青詩選．自序》）（註⑦）邂逅即是一種偶然、曖昧之情境，自然形成如詩如愛、有詩有愛的氣氛。

但詩和愛的形成過程中，有可能「中道崩殂」，作品未能圓滿產出，愛戀不能持續。此中原因甚多，例如「**在猜忌中毀傷／在狂風暴雨中迷失**」，當我們太過執著或計較某事，常使其更難順利去完事。這就是為什麼「當我們之間有了／愛／這世界就開始開始膨脹／開始，語無倫次」！兩性有了愛，進而陷兩造成「囚徒」，人生的不快樂、不自由，皆因愛而起；詩的道理同愛一樣，過於人力執著，失之自然美景，欠缺空靈想像，難以出現好作品，亦因太愛而起。

在佛經《四十二章經》第十六章〈捨愛得道〉：「佛言，人懷愛欲不見道者，譬如澄水，致手攪之。眾人共臨，無有覩其影者。人以愛欲交錯，心中濁興，故不見道。汝等沙門，當捨愛欲。愛欲垢盡，道可見矣。」我要說的是：我等詩人，當捨愛得詩，愛捨後詩可見矣！未知是否超出〈詩〉之衍繹賞讀？賞讀〈純詩主義——賀一座新誕生的繆斯花園〉：（註⑧）

就讓古典和達達主義繼續
爭辯，長頸鹿是否超級現實
在動物園的柵欄裡張望
現代和後現代已經搭起友誼的貓空纜車
主知和抒情秘密交媾，和解

情詩的信仰，永遠不褪流行

都市詩悄悄穿透，雲端
佔據台北一〇一的天空
政治詩還在凱達格蘭大道靜坐
抗議

就讓所有的論戰都留給遠颺的二十世紀
新世紀溫煦的詩風
已經從南方海洋出發
揚帆吧，詩人們
給我純詩，其餘免談

——《乾坤詩刊》四九期，二〇〇九年一月

近半個多世紀以來的台灣新詩壇，只能以百花齊放、各出花樣來形容。從古典、現代到後現代，現實超現實到各種主義，城市詩和政治詩等。這首詩主要思考、表達的，是那些花樣或論戰都別管他了，都已是過去式了。「新世紀溫煦的詩風／已經從南方海洋出發／揚帆吧，詩人們／給我純詩，其餘免談」。我們活在當下的二十一世紀，有新的詩風，這裡「南方」是相對位置，如人在台北，則桃竹苗都是南方。《遊樂園》詩集由苗栗縣政府出版，也等於新誕生的繆斯花園，這裡只有「純詩」，沒有什麼主義花樣。

何謂「純詩」？也就是「真正的詩人寫出真正的詩」，詩便是詩，不是其他。詩雖有寫政治、寫環保，彰顯什麼主義！但政治、環保、主義都不是詩，如果一首「政治詩」讓人只見「政治」，而未見「詩」，便非「純詩」。所以，也可以說，純詩指詩人心中只有詩，沒有其他，詩是詩人一生的「吾愛」。

小結

蕭蕭在談現代詩新形象時說：「神，以自己的形象創造了人。人，也要以自己的形象創造詩！」這個「自我形象」，正是這首詩是否誠於天，誠於人？（註⑨）蕭蕭所述正是我們常提到的詩人詩品的「真性情」，蕭蕭把這真性情的「情」視為中國詩的真正本質，把握了真情的詩便是詩，更有可能讓詩人不朽。賞讀〈墓園〉：（註⑩）

風微微
陽光依然耀眼
銘碑鏤刻著的一生
平凡與不平凡，皆已無關緊要
時間在裡面停駐
光陰在此永恆與腐朽

不朽的詩人，吾愛
若然，妳將發現泥土的芬芳
聽見白蟻與木頭拔河
以及，時間碎裂的聲音

——二〇一二年六月五日

懷念一個女詩人吧！她是「吾愛」，她是真正的詩人，所以她和她的詩不朽了。寫出最好的詩，成為傳世經典，可以說是所有詩人的「春秋大業」，要把兩輩子獻給詩的情詩王子，當然心之所思就是詩，吾愛！

註釋

①曹長青、謝文利，《詩的技巧》（台北：洪葉文化事業有限公司，一九九六年七月），第一章，頁一二。

②蕭蕭，《現代詩縱橫觀》（台北：文史哲出版社，二〇〇〇年二月），輯一，〈詩人與詩風〉，頁六九－八五。

③文曉村於二〇〇七年八月，以八十高齡又健康不佳狀況，到青海參加詩歌節，七月他先寫下生前告別詩〈八月，我將遠行——給愛妻〉。回台後不久即病倒，同年十二月二十五日病逝。他也是一生獻給詩，獻給《葡萄園詩刊》的人。重要資料詳看：賴益成主編，《一盞不滅的燈：詩人文曉村追思錄》（台北：詩藝文出版社，二〇〇八年十二月二十五日）。

④劉正偉下輩子仍當詩人，可賞讀〈輕聲告別〉一詩，《思憶症》（台北：文史哲出版社，二〇〇〇年七月），頁七六－七九。

⑤劉正偉，〈詩人〉，《遊樂園》（苗栗：苗栗縣政府，二〇一三年十一月），頁二二三。

⑥劉正偉，〈詩〉，同註⑤書，頁一六。
⑦同註①書，頁三九。
⑧劉正偉，〈純詩主義——賀一座新誕生的繆斯花園〉，同註⑤書，頁七七。
⑨同註②書，頁一二－一七。
⑩同註⑤書，頁二七。

第十章　遊樂園裡趣味遊戲詩

我印象很深刻，二十多年前那一幕驚心動魄，至今記憶如新。第二次波斯灣戰爭，當美軍打敗伊拉克海珊大軍，拉倒海珊銅像時，美國總統小布希在電視上說：Game is over。中文意思說「遊戲結束了」或「你玩完了」！

海珊把自己「玩完了」，也可說美國把伊拉克玩垮了，玩出了伊斯蘭國，玩出敘利亞災難，玩出歐洲難民和分裂。地球自古只有大國玩得起，小國只有被玩的份，千萬小心，不要「玩完了」！

為什麼舉這段戰事結束時小布希的說法？為要說明眾生都在玩的事實。大人物玩大舞台，中人物玩中舞台，小人物玩小舞台，君不見有本事的在廟堂上玩，沒本事的在路邊橋下玩，有人把別人玩垮，有人把自己玩垮；有的統治者高高在上把國家玩垮，把人民玩窮，人民窮歸窮，還是有很多可以玩的，玩之不盡！

眾生皆玩樂，詩人更會玩，正偉則將《遊樂園》詩集定位成遊戲人間的詩記錄，筆者在各章介紹他的各種玩法，如想像、比喻、二分、知性、空白、張力……可以說無限多的玩法。在眾多玩法中，有一類屬於趣味遊戲，故意荒誕、諧謔、幽默型態的詩，在現代詩市海裡，也小有市場佔有率，各舉例賞讀。

詩人管管為一叛逆型狷介詩人，他我行我素，淘氣天真，專玩荒誕詩。賞讀他的〈俺就是俺〉：「……俺喜歡鄭板橋、金聖嘆、蘇軾／還有她娘的超現實……俺喜歡鬼／俺喜歡怪／俺喜歡那些稀奇古怪的東西／俺就是這個鬼樣子／管你個屁事」。（註①）你問這是詩嗎？管你個屁事，他在蔑視權威、睥睨偶像，他用荒誕意識，體現這個荒誕的世界，你理解了沒？

沙穗寫了一系列失業詩，如「餓了／我們啃牆上的詩／渴了／我們吃對方的吻／累了／累了就睡」。（註②）生活體驗中的自我解嘲，散發一股酸味，向權威戲謔，宣洩心中的不滿。

幽默是詩人常玩的趣味遊戲，如紀弦〈一小杯的快樂〉：「倒不如躺在自己的太空床／看看雲，做做夢好些／如果成詩一首，頗有二三佳句／我就首先向我的貓發表」。

（註③）單純型幽默，依理先向人發表，似乎暗示現代社會的價值錯亂，人不如貓！

隨著現代社會的分歧發展，人越來越苦悶、孤獨，必須用各種有趣玩法對抗孤寂。於是，打趣、調侃、喜劇、鬧劇、趣味競賽詩，各種詩「玩家」，亦不失為詩壇之奇花異草。賞讀〈正偉兄不兄——記某人問起〉：（註④）

正偉兄？不兄？
那一年，南台灣的柏油路
都被妳的小綿羊
和我倆的重量
壓平

正偉兄？不凶？
幾首詩，幾杯咖啡
避凶趨吉
兄已不凶

正偉凶？不凶？
凶不凶，已緊要無關
正偉兄，已老去年華

註：兄，敬詞，祝的本字，兄長也，亦有問候的意思。凶，惡也，不好的意思。不凶，不惡也。兄不兄、凶不凶，在此皆為好不好的問候代稱。

——《乾坤詩刊》六五期，二〇一三年一月

這首趣味遊戲詩運用同音字，在表達什麼？還是因為詩人寂寞想找些趣味？「**那一年，南台灣的柏油路／都被妳的小綿羊／和我倆的重量／壓平**」。原來是帶著「馬子」壓馬路，和馬子談心，馬子問：正偉兇不兇？

兄不兄？凶不凶？除了幽默趣味，還有幾分男女之間打情罵俏味道。但這類詩通常有幾分顧左右而言他，就像管管說的俺就是這個鬼樣子，初讀不知說啥！深入思索，原來用自己的荒誕反映社會現狀的荒誕。正偉的凶不凶要反映什麼？「**正偉兄，已老去年**

華」，解答在最後，回到人生遊樂園說人生，生命短暫，把握當下好好生活，好好相愛吧！別管凶不凶的問題。賞讀〈致澀郎們〉一詩：（註⑤）

每一個怨女都變身詞人
每一個曠男皆變身詩人
詩濕師失蝨，都是濕
澀色瑟射設，都是色

郎狼螂人佷，都是狼
澀螂，澀女狼們
詩緒悶燒的活火山
給我，噴發吧
騎魚免彈

註：給習慣誤讀的詩妖們。

也是一首多諧音雙關的趣味詩，可以多重趣味賞讀。但第一句「每一個怨女都變身詞人」，明顯在說吾國兩大女詞人，李清照和朱淑真，也是兩個才高命薄的怨女。不過李清照力抗第二任丈夫張汝舟的家暴，舉發他的私吞軍糧軍餉，也算女中勇者，令人敬佩！

而朱淑真更令人堪憐，趣者可讀《斷腸集》，書店都尚可買到。詩人似乎在說作家都要成為曠男怨女，才能產生好作品，這又回到「窮而後工」，好像未經困境熬煉，經典不出！詩中「都是色、都是狼、澀女狼」，文字趣味以外，是不是暗示人嘛！食色性也，一切就任其「自然」吧！「詩緒悶燒的活火山／給我，噴發吧／騎魚免彈」。人人都是一座活火山，該噴就噴，尤其詩人，自然噴出來的詩最好。

這首詩也有點暗示，現在外面到處是色狼。假如，未來世代的人們回憶起我們這個時代，不經由歷史書而是我們的詩句，就只想起我們的時代到處色狼！還是詩中的趣味幽默？

《遊樂園》詩集六十八首詩，尚有部份政治社會批判作品，如〈春天來了〉、〈大航海時代的台灣〉、〈有人問我生態環保問題〉、〈福島〉等。還有記遊詩，如〈宜蘭跑馬古道〉等十五首，詩人有心把他的人生遊樂放眼全台灣。詩人目前還年輕，若他未來能放眼全球遊樂，相信他的遊樂園領地，是全球第一大理想國，其國中將有更多浪漫情詩情話！

註釋

①陳仲義，《現代詩技藝透析》（台北：文史哲出版社，二〇〇三年十二月），頁七七。

②同註①書，頁一六四。

③同註①書，頁一六五。

④劉正偉，〈正偉兄不兄——記某人問題〉，《遊樂園》（苗栗：苗栗縣政府，二〇一三年十一月），頁六五。

⑤劉正偉，〈致澀郎們〉，同註④書，頁七九。

第三篇

啊！情人：《我曾看見妳眼角的憂傷》

飛閱文學地景
夕陽西下
黃昏向晚
白鷺鷥涉水清淺
吟誦 劉正偉 e書法 張炳煌

第十一章　愛情永恆的憧憬：夢中情人

《我曾看見妳眼角的憂傷》詩集，四輯六十六首詩，經仔細研讀理解，除第四輯十九首有較多政治意涵外，其餘四十七首有四十三首或濃或淡的情詩意涵。是故，這是一本情詩集，為詩集寫序的葉雨南，認為這本詩集「或許不是寫給世界的，而是寫給繆斯或者孤獨女子眼眸的一本純情且生活化的詩集。」（註①）蔡富澧的序則從心理分析觀察，情感上的劉正偉要抓住青春的尾巴，「除了緬懷一段逝去的青春與戀情，其實內心深處還有許多對於愛情最後的憧憬與不捨。」（註②）思索著書中數十首情詩，感覺是有了愛情，作詩的慾望才認真地發生出來！

在筆者研究多家詩人的愛情與人生觀，乃至和創作產生的關聯性。如徐志摩堅定的認為，「戀愛是生命的中心與精華；戀愛的成功是生命的成功，戀愛的失敗，是生命的失敗，這是不容疑義的。」（註③）這樣的觀點，很明顯的和劉正偉大大的不同。

讀了這麼多劉正偉的情詩，發現他寫詩的靈感和動力泉源，來自與某一「對象」的戀情，這與郭沫若很相近，「有了愛情，作詩的慾望才認真地發生出來」。郭沫若年輕時在醫院和一女子安娜有了戀情，後來他在〈我的作詩的經過〉一文中說：（註④）

「民國五年的夏秋之交有和她的戀愛發生，我的作詩的慾望才認眞地發生了出來。《女神》中所收的〈新月與白雲〉、〈死的誘惑〉、〈別離〉、〈維奴司〉，都是先先後後爲她而作的……。在和安娜戀愛以後另外還有一位影響著我的詩人是德國的海涅（Heine），那時候我所接近的自然只是他的戀愛詩。」

戀愛是一把火種，點燃情詩創作的火山，從此無法澆滅。當年郭沫若與安娜在醫院認識，都是探望住院的友人，這是難忘的初戀情人，帶給詩人一生美好的回憶。他在〈死的誘惑〉一詩這樣說：（註⑤）

我有一把小刀
倚在窗邊向我笑。

她向我笑道：
沫若，你別用心焦！
你快來親我的嘴兒，
我好替你除卻許多煩惱。

窗外的青青海水
不住聲地也向我叫號。
她向我叫道：
沫若，你別用心焦！
你快來入我的懷兒，
我好替你除卻許多煩惱。

民國五年，新詩在中國大地才在萌芽。這首詩意象單純、直白，奇的是詩人把小刀擬人化為戀愛對象，把死的誘惑轉化成情與慾的波瀾。但我們要理「五四」前後，郭沫若的人生哲學是「等齊生死」，追求超越時空的永恆，所以「死的誘惑」也等同「生的誘惑」。

人有了戀愛，尤其「天命情人」出現又得到「認證」，產生了無窮力量，可為之生，為之死。若轉化成創作動力，往往就是不朽經典產出的溫床。郭沫若在他的自傳體小說《漂流三部曲》中如是描寫：（註⑥）

「哦，我感謝你！我感謝你！我的愛人喲，你是我的 Beatrice！你是我的！Beatrice！你是我的！長篇？是的，最好是作長篇。Dante 爲他的愛人作了一部《神曲》，我是定要作一篇長篇的創作來紀念你，使你永遠不是。啊，Ava Maria！Ava Maria！永遠的女性喲！」

但丁《神曲》裡的 Beatrice（貝德麗采），正是我研究情詩文學最常提到的典範。但丁和她只是一種「稚愛」，相愛而不能在一起，初戀情人早逝，但丁也走進一個婚姻悲劇中。諸多悲劇因緣，產生強大的愛情動力，《神曲》等於是為他永恆的夢中情人——貝德麗采而寫。有了愛情，因而有書之不盡的情詩，我所研究的這位情詩王子亦是，就在《我曾看見妳眼角的憂傷》詩集，將分類賞析。第一首〈我曾看見妳眼角的憂傷〉：

（註⑦）

我曾看見妳眼角的一些些哀愁
感傷，關於某些歲月的經歷
遙遠的童年，逝去的青春
生活中的歡欣，或爭執
某些瞬間狂喜，或狂悲

我曾看見妳眼角的一些些微光
關於愛情的淬煉，以及傷逝
那些湮遠的記憶，如火山
不時間歇性的噴發
留下一道道熔岩，像流過的淚痕

我曾看見妳眼角的一些些幽怨

苦澀，關於男人像時間的無情
我知道，妳付出的愛與生命
獲得的回報，永遠不及
男人淡淡地繼續無視，妳眼角的哀愁

——《乾坤詩刊》六十九期，二〇一四年元月

在葉雨南和蔡富澧的序中，都分別提到這首詩，並未深入解讀，而是概略以這首詩為代表，象徵全書的內容屬性，給繆斯或某女子的一本純情且生活化的詩集。但這首詩從語意意涵判斷，應是詩人寫一位他所熟識的中年女子之愛情回憶，詩人和詩中的「妳」，應是「共同生活圈」相互熟悉的人，才會深刻觀察她眼角的三種情緒變化（哀愁、微光、幽怨）。沒有很親近的關係，如何有這麼細膩的觀察入微？

第一段「**遙遠的童年，逝去的青春**」。因為是很親近的人，所以詩人知道「妳」童年的故事；如今青春已逝，表示「妳」已進入中年。這些流走的歲月，詩人都與「妳」同在，故清楚明白。

第二段妳「**關於愛情的淬煉，以及傷逝/那些湮遠的記憶，如火山/不時間歇性的**

噴發／留下一道道熔岩，像流過的淚痕」。「妳」雖沒說，詩人從妳眼角的微光，知道妳年輕時代的愛情，依然是妳心中不滅的回憶。如火山間歇性噴發，是指依然引起內心悸動而流淚。

第三段揭開故事的真相，「關於男人像時間的無情／我知道，妳付出的愛與生命……」。這裡證明了這首詩不是詩人自己的戀情，否則詩人不是罵自己是無情漢嗎？「妳」愛上一個無情男人，又忘不了他，還是忘不了那段愛情？妳對愛情依然有憧憬。假如，妳始終忘不了他，他夜夜入夢來，有夢中情人也算是一種美的回憶。賞讀〈沙灘上〉：（註⑧）

昨夜夢裡，我又漫步在沙灘上
和妳心手牽繫，肩依偎著肩
心中惴著大海的澎湃洶湧
四顧無人，春風徐徐
海風和濤聲忘情擁吻著

時間，溫暖而舒緩
驀然，我們都驚覺而仰望星子
這世界唯一永恆的見證人

星星羞赧，不時從雲中窺探
浪潮悄悄吸吮著沙灘
輕輕地，一遍又一遍

據一般經驗觀察，大家喜歡有夢中情人，是因為夢中情人恆久，真實存在的情人都極短暫；但夢中情人也必需建立在真實情人的基礎，回憶起來才美，才有感覺，所以曾經擁有是很重要的「實證」。這就是「實踐是檢驗真理唯一的方法」，萬古不易的道理。很多人說林志玲是所有台灣男人（含筆者）的夢中情人，這種夢中情人不僅空泛且不實在，因兩造未曾「擁有」什麼！更未曾「實證」過什麼！說說自爽可以，連假設也不能成立，怎能說是夢中情人？

〈沙灘上〉一詩，散發著真情，可以感受到是建立在真實生活裡的經驗論基礎上。

雖是夢境（或造境），「和妳心手牽繫，肩依偎著肩……四顧無人，春風徐徐／海風和濤聲忘情擁吻著」。天底下男生的心態皆如是，帶著「馬子」盡往無人地帶走，找個四下無人的地方，忘情擁吻。詩人把兩造「轉嫁」到海風和濤聲，這是創造浪漫含蓄的詩語言。

只有這種曾經擁有的夢中情人才能成永恆的記憶，「時間，溫暖而舒緩……星星羞赧，不時從雲中窺探」。這種浪漫又快樂時光總是過得快，注意星星「羞赧、窺探」，在暗示情人之間有各種親蜜動作，否則幹嘛羞赧窺探？「浪潮悄悄吸吮著沙灘／輕輕地，一遍又一遍」，也是含蓄、轉嫁的暗示，實際是情人擁吻，一遍又一遍，不知所終。

〈沙灘上〉是典型的情詩，借夢境（或造境）回憶和舊情人的一段情境，詩人對愛情永遠有憧憬，並非最後，而是永遠存有。最近一個友人（女生、七十歲），在某活動時突然問我：「這一把年紀了，你對愛情還有嚮往嗎？」我答：「世界上除數學物理等數理功課可用二分法回答問題，其他不行，你的問題也無法用二分法回答。」她應該是不懂我的話。理性的愛情是一種美，人怎麼可以對「美」沒有嚮往？賞讀〈星空下的獨白〉：（註⑨）

佛曰：剎那即永恆
昨夜，我又夢見遠方
那一夜，天空開闊而清朗
只有兩顆星在天空閃爍
地上也有兩個怦然的心跳
風牽著兩隻小手在想望中飛翔

市聲，在遙遠處喧囂
只有水畔這一方的寧靜
永遠記得妳眼海閃爍的靈魂
單純無邪靈動，回眸凝視
永恆，在剎那間定格

宇宙間本無永恆的事物存在，是謂無常，一切的一切，都是緣聚則生，緣散則滅。為何又說永恆？這個永恆指的是真善美的存在，只要曾經擁有或存在，就能讓人永久懷念，甚至穿透時空成為歷史上的經典，代代傳頌那種真善美。歷史上很多這種經典故事，梁山伯與祝英台、羅蜜歐與朱麗葉、但丁與貝德麗采，都是剎那的愛情成永恆。但會被代代傳頌，也代表人類對愛情永遠是有憧憬的，詩人尤其如是。

又一景極有真實感的夢中情人情境，「那一夜，天空開闊而清朗……」戀人在夜空下手牽著手散步，兩顆怦然的心跳，情話綿綿不盡，詩人又轉嫁給風，說風牽著兩隻小手，產生含蓄的美感。

回眸一笑百媚生，再笑傾人國，這是回眸的力量，所以情人一個回眸確實可以創造永恆，創造「永恆的夢中情人」。「**永遠記得妳眼海閃爍的靈魂/單純無邪靈動，回眸凝視/永恆，在剎那間定格**」。這種永恆可謂是「能量不滅定律」，詩人善於捕捉瞬間即永恆，但若要捕捉愛情的永恆，你必須同時是戀愛中人，才能自然進入情境，呈現唯美浪漫境界。

小結

在詩集中尚有夢中情人意涵詩作，如〈桌子〉、〈平安符〉、〈遇見〉、〈瓶中信〉、〈女神〉、〈有酒窩的女子〉、〈春日之約〉、〈貓〉、〈問〉、〈楓情〉、〈陪你到

彼岸〉等都算是，賞讀〈平安符〉：（註⑩）

妳送我的隨身平安符
彷彿將心交到我手中
天真的動作，莫名的感動
小小的符籙，衷心的祝福

妳送我貼身的平安符
一個紅通通熱忱的心
我將它放在左心室前的口袋
好感覺妳怦然的心跳
不停，在符與胸口間激盪

——《中華日報副刊》二〇一四年四月二十六日

這首情境很生活很真實，是「現在進行式」的情侶相互間的情意互動。女友到廟裡求一個平安符給男友，詩人又以第一、二人稱詩寫，就更像詩人和女友的情意表達。但真實的情人很快也會成夢中情人，〈瓶中信〉：（註⑪）

夢裡，悄悄地捎一封信給妳
信裡寫滿別後的思念
我將它輕輕託付大海
寄望溫情脈脈的潮汐
將它帶給遠方的伊人

彼時，或許瓶身已長滿青苔
那是思念隨著時間增長的痕跡
希望摯愛的女神能在夢裡
溫柔地將它輕輕拾起
妳將發現裡面不變的三個字
而那時，或許，我已走入了永恆

有人用這種方式傳情書嗎？也夠隨緣了，這正是情詩王子的特質。他對愛情永遠有憧憬，但不過於執著，更不會像徐志摩那樣「戀愛成功才是生命的成功」，他像郭沫若有了愛情就有寫不完的詩章，永遠在心中有一個夢中情人。

生活是現實的，生命是孤寂的，人生苦短，沒必要讓愛情痛苦一生。而是要讓愛情成為人生之蜜，成為生活之糖，豐富並美化人生，讀者以為呢？

註　釋

①葉雨南，〈表面最深沉的背影〉，《我曾看見妳眼角的憂傷》（苗栗：苗栗縣政府，二〇一四年十一月），頁一八－二二。

②蔡富澧，〈中年男子的時間之殤與青春之戀〉同註①書，頁五－九。

③金尚浩，《中國早期三大新詩人研究》（台北：文史哲出版社，二〇〇〇年七月），第三章，第四節，〈徐志摩詩的主題探討〉。

④同註③書，第二章，第四節，〈郭沫若詩的主題探討〉。

⑤同註④。

⑥同註④。

⑦劉正偉，〈我曾看見妳眼角的憂傷〉，《我曾看見妳眼角的憂傷》（苗栗：苗栗縣政府，二〇一四年十一月），頁二四。

⑧劉正偉，〈沙灘上〉，同註⑦書，頁六〇。

⑨劉正偉，〈星空下的獨白〉，同註⑦書，頁午四。

⑩劉正偉，〈平安符〉，同註⑦書，頁五〇。

⑪劉正偉，〈瓶中信〉，同註⑦書，頁五五。

第十二章　情詩中的「力必多」元素含量有多少？

「性」的本能和吸引力，是一切物種可以代代傳承，生生不息的唯一條件，除了少數有「自體繁殖」功能的物種。越是高等的生物，越是必須經由兩性之性行為，才能繁殖下一代，至少地球上物種是如此，未來若發現其他星系有生命形態，將是如何？不得而知。

除了本能繁殖外，人類在兩性間「性、愛」的誘惑力，對文學、詩歌和一切藝術的創作，對想像力的發揮，有極大的影響力，弗洛依德（Sigmund Freud, 1856-1939），稱之「生命力」（Libido，本文中譯「力必多」，拉丁文原有性慾和慾望之意。）。在弗洛依德學說中，認為所有「本能衝動」都充滿著這種生命力，也就是Libido（力必多），這種力量以性為基本性格，是「心理分析中心要義」。（註①）人類一切行為都從「性」開始。

按弗洛依德學說，人類所有文化文明成就，如藝術、法律、宗教等，都是生命力發展的結果，從嬰孩出生所有本能動作（如吮手指）都有性的意味。及其年齡漸長，生命力的發洩會轉移到另一對象（異性），也可經由醫學上的「性慾倒錯」（Sextal perversion）得到滿足。更有藉文學、藝術、音樂等創作，表現「生命力」的強大，這種過程表現，在精神分析學上稱「轉移」（Displacement），性的本能是所有創造性工作最重要的根源。

如弗洛依德學說所示，文學詩歌等皆生命力的轉移，情詩則更是對性愛誘發或想像的轉移。若抽離了全部性愛元素，恐怕「情詩」不成立，「情人」（任何形態）也是不成立的。按以上論述，可以解析劉正偉所有的情詩創作，只是每一首詩濃淡程度不一而已，本文選幾首性愛元素含量較高的情詩，雅賞解析，賞讀〈蛇〉：（註②）

當太陽關上燈，世界
就漆黑成一片神秘森林
突然，一條溫馴的蛇闖入沼澤
探索著幽闃深邃的祕徑

黑夜裡，依稀
透著兩道攝人的閃電
妖冶、靈動、惑人
蛇腰緊緊纏繞彼此
於是，一切都永恆了
天地間就有了歡愉的律動

此蛇非彼蛇，說是蛇即非蛇。在東西方文化文明中，各類文學藝術作品以「蛇」的意象，暗示性愛的誘惑或女人的媚力，這已是常識，不須再舉例。排在蛇之後是貓，也有同樣的影射用法（後述）。

〈蛇〉一詩所呈現的諸種意象，綜合起來就是一對情侶在床上做愛的完整流程。「當太陽關上燈，世界……」，太陽不會關燈，當然是情侶之一關了燈，房間內「漆黑成一片神秘森林」，突然間「一條溫馴的蛇闖入沼澤」，這一條溫馴的蛇太可愛了，就愛在「沼澤」裡進出玩耍，沼澤有源源不斷的溫泉流出，玩興越來越高，「探索著幽闃深邃的祕徑」。那祕徑裡的秘密，經一回、二回、三回……永遠探索不完，永遠都想再闖沼澤……

第二段進入性愛高潮，「透著兩道攝人的閃電／妖冶、靈動、惑人／蛇腰緊緊纏繞彼此……」啊！這裡筆者不再解析，寫下去恐有讀者受不了，畢竟詩貴含蓄，得保留幾分想像。賞閱〈春夢〉：（註③）

夜裡，我的無數煩惱絲
因思念，紛紛激動起來
每一根都豎立
像一條條小蛇
急欲穿過夢境
飛奔而去，向你的夢裡
夢裡，無數小蛇化作黑夜幕簾
溫柔地，將兩人輕輕地纏繞

愛的蛇信，燙熟了一顆蘋果
夜，就更深了

——《野薑花》詩刊十期 二〇一四年九月

又有蛇，意象鮮明，像〈蛇〉和〈春夢〉作品，大致上在寫實寫境基礎中，進行寫意造境工程，時間選在夜裡，場景則借夢一用，這兩首都有很鮮明的情侶性愛意涵。「像一條條小蛇／急欲穿過夢境／飛奔而去，向你的夢裡」。此處，詩人不用最常使用的「妳」，而用「你」，似有意從女方立場出發，女生深夜如小蛇蠢動，寂寞難熬，欲奔向男友的懷裡。

夢中兩人持續作愛作的事，「溫柔地，將兩人輕輕地纏繞／愛的蛇信，燙熟了一顆蘋果」。蛇信是什麼？不難想像，很具象也很意象，燙熟了一顆蘋果，太美了！大功告成。

在詩歌中，性愛和女人魅惑引誘力，最鮮明的是「蛇」（如前兩首詩）。再者是「貓」，如〈貓貓雨〉、〈妳的眼神〉、〈貓〉三首。賞讀〈貓貓雨〉：（註④）

天空下起貓貓雨
柔順如妳細毛的溫柔貓暱
撫摩擁有的美好時光
纏綿，繾綣

雨絲，密密綿綿
如絲，如線
將往事輕輕串起

貓貓雨，有著溫柔的細爪
常常輕易地，將回憶抓傷

註：貓貓雨，毛毛雨的諧音

——《創世紀》詩刊，一七九期　二〇一四年六月借毛毛雨諧音貓貓雨，創造「灰色地帶」的想像空間，有較淡的性愛意涵。「柔順如妳細毛的溫柔貓暱／撫摩擁有的美好時光／纏綿，繾綣」。你能撫摩她的「細毛」，感受到溫柔貓暱，表示關係親蜜，你們玩著這樣的親蜜遊戲，愛意纏綿。

「貓貓雨，有著溫柔的細爪／常常輕易地，將回憶抓傷」。愛情之所以短暫，是因為男女兩造都是獨立個體，人與人之間一切溝通不可能完全圓滿，親蜜遊戲也不可能長期滿足雙方，故兩造遲早必有傷。真實情人成了夢中情人，回憶那溫柔的細爪，心中難免感傷。賞讀另一隻可愛的〈貓〉：（註⑤）

親愛的繆斯，請將我
變成一隻可愛的小流浪貓
我將被心儀的人兒收養
夜裡，溫暖她的被窩
守護她的夢境不被驚擾

傍晚，躺在她的懷裡撒嬌

隨著她的白日夢起伏
用溫潤的舌尖，親親
在她酡紅的臉頰
輕輕的寫一首小情詩

——《創世紀》一八〇期　二〇一四年九月

典雅、浪漫的小情詩，造境之作。這回詩人想要化成一隻貓（應該是一隻公貓），想要有個心儀的「她」收養。「**夜裡，溫暖她的被窩……躺在她的懷裡撒嬌／隨著她的白日夢起伏／用溫潤的舌尖，親親……**」。你溫暖她的被窩，等同她也溫暖你的被窩；你躺在她懷裡撒嬌，等同她也躺在你懷裡撒嬌，你們玩著舌尖與舌尖的親親遊戲。這雖是想像、造境之作，但「力必多」元素的含量也很高，心理「轉移」效果頗佳。

有俱備真實基礎的「夢中情人」真好，可以使創作源源不斷，可以滿足心理需求。再者，生活很現實又寂寞，人人都有很多朋友，天天好像應酬很多，但沒一個可以談心，人生多麼孤獨！有個情人或夢中情人，人生就不一樣了！不是嗎？賞讀〈妳的眼神〉：（註⑥）

親愛的，妳有雙貓膩的眼神
在深邃幽幽的夜裡
像天上明亮的星辰
閃爍著永恆動人的光芒

癡心的人兒，你切莫直視
那如美杜莎致命的勾魂攝魄
將使你掉進迷人的漩渦
永世，無法掙脫

這首頗有真實感，影射情人（或女人）的眼神，有貓的神秘和蛇的誘力。美杜莎（Medusa）是希臘神話中的女妖，一般形象是有雙翼的蛇髮女人，她的頭髮全是蛇，美杜莎也象徵致命的吸引力。

這首詩用了貓的「顯明意象」，又用了美杜莎蛇的「隱匿意象」，突顯力必多的致命吸引力。第一段詩寫其正面價值，「親愛的，妳有雙貓膩的眼神……閃爍著永恆動人的光芒」。若能善用這股動能，可以有無窮的創造力，可以是人類文化文明永恆動人的光芒。

第二段詩寫一種可怕的力量，「癡心的人兒，你切莫直視……永世，無法掙脫」。畢竟，美杜莎是個有魔法的女妖，正是那種「蛇蝎女人」。這首詩也在暗示，女人（或性）是善惡共同體，性愛或愛情的追求，正邪善惡都只在一念之間。

小結

在文學藝術上善用捕捉意象，在愛情、性愛和女人最常用的，是貓和蛇的意象。但蛇的形像始終不佳，貓的形像則很好。這可能有複雜的文化背景，在各種文學藝術中，如果碰到蛇和貓，讀者可以仔細去思索比對。

在一個名牌商品「卡地亞」（Cartier），為表現「女人如貓」，用了同是貓科動物的美洲豹意象設計產品，體現「豹姿魅影」。這種手法其實和正偉的情詩一樣，性愛和女人所含的力必多元素，可以產生無窮力量。卡地亞的「豹姿魅影」，不到一周吸睛百萬人次，這當然是力必多加商業操作的結果，如果正偉的詩請高人以商業操作，同樣可以吸睛人潮。

在各種「蛇類」詩作中，並不一定全有很高的力必多元素含量，如《野薑花》詩社女詩人葉莎有一首〈蛇〉：

不知何時
竟長的這麼大了
在海口昂首吐信
舔了一枚落日
發覺尾巴
被遙遠的霧吞噬

深怕一次躁動
震裂了大地，不得不
靜靜躺成河的樣子（註⑦）

Cartier 現女人如貓

聯合報 中華民國一〇六年六月十三日 星期二 C6版

馬思純 獵豔美洲豹

清新影后小露事業線 魅惑演繹多變表款 「豹姿魅影」不到1周吸睛百萬人次

[illegible]

葉莎這首詩是配合一張河的風景照片，以蛇的意象象徵一條河的形成，所以是風景詩，可以說沒有力必多的含量。但原詩和照片搭配，很能展現美感，也有空靈的想像力。

再以正偉的〈愛〉為本文小結：（註⑧）

愛就愛了，現在
不問過去，不問未來
過去已經過去，未來未來
現在，愛就愛了

管他世界風狂海嘯
地裂天崩，至少
還貼緊妳兩片性感的溫唇
還擁有妳眼波中的閃電
親愛的繆斯，就讓我永恆
在妳溫柔癡情的眼波中，陷溺

——《乾坤詩刊》七十二期 二〇一四年十月

詩人左思右想，勇敢的愛是正確的選擇，「愛就愛了，現在……管他世界風狂海嘯／地裂天崩，至少／還貼緊妳兩片性感的溫唇……」泰勒（Samuel Taylor Coleridge, 1772-1834）曾有一言，「唯有兩性結合，靈魂才會全然受到滋潤，靈魂的所有能力才得以發揮。」（註⑨）詩人是何許人也？乃「人類夢想工程師」，應該要有愛情的滋潤，在兩性閃電結合過程，創造不朽詩章，創造「夢中情人的神話」，讓她永恆！即汝詩作永恆！

從「力必多」含量解釋人類行為，只是一種「研究途徑」，一種工具的選擇。其他的途徑，如自卑論、階級鬥爭論、唯利論、進化論等，不同的理論工具有不同解釋，但似乎弗洛依德的性愛論最能詮釋情詩這類作品，讀者以為然否！

註釋

①彭歌譯，《改變歷史的書》（台北：純文學出版社，一九七五年五月三十一日），〈性．愛．夢與人生：弗洛依德及其《夢的解釋》〉，頁二五九－二七八。

②劉正偉，〈蛇〉，《我曾看見妳眼角的憂傷》（苗栗：苗栗縣政府，二〇一四年十一月），頁六三。

③劉正偉，〈春夢〉，同註②書，頁六一。

④劉正偉，〈貓貓雨〉，同註②書。

⑤劉正偉，〈貓〉，同註②書，頁四九。

⑥劉正偉，〈妳的眼神〉，同註②書，頁五八。

⑦葉莎，〈蛇〉，《人間》（劉文媛出版，二〇一五年三月二十日），頁八一。

⑧劉正偉，〈愛〉，同註②書，頁五七。

⑨莒哈絲（Marguerite Duras）著，繆詠華譯，《懸而未決的激情：莒哈絲論莒哈絲》（台北：麥田出版，二〇一三年七月），註釋，頁二二六。莒哈絲，法國女作家，一九一四年生，一九八四年以《情人》一書獲得法國龔古爾文學獎，暢銷世界各國，一九九六年逝於巴黎。

第十三章　稚愛是情人嗎？從但丁說起

稚愛算不算戀愛？應如何定義「戀愛」？若稚愛雙方確是「兩情相悅」，算是情人嗎？或者「情人」也該有個定義。皆無答案，沒有正式的學術研究報告，就像吃飯睡覺那樣自然，一切都不知而行，在自然中發生，任其自然發展！

但丁（Dante Alighieri, 1265-1321）和他的稚愛貝德麗采是我常舉的例子，但丁在近九歲時，遇到也才八歲多的小女孩貝德麗采，一見傾心，二人可謂「一見鍾情」，神奇的是二人並沒有直接交談。九年後（一二八三年）他們又相遇，地點就在佛羅倫斯市阿爾諾河略老橋邊。根據但丁自己所述，這個時候，藏在生命中之精靈，開始激烈地顫動起來，就連很微弱的脈搏也感覺了震動。在《神曲》（The Divine Comedy）〈天堂篇〉第三十章，仍如是讚頌貝德麗采：（註①）

自從最初在凡間一睹她的芳顏
直到最後一次在天堂與她相見
我對她的歌唱從來也沒有間斷

但丁和貝德麗采在人間世界，總共也才見過兩回，他們成年後礙於家族偏見不能結婚，貝德麗采按父母之命嫁了不愛的男人，不久憂悶而死，但丁則在三十歲時娶了一個剛強又暴怒的女人，也過了痛苦的一輩子。多情人總是被情熬煉，為愛情而生而死。

但丁是所有西方詩人中，我最敬仰之人。他了不起之處，在於把人生所有苦難（婚姻、愛情、政治的），全部「轉移」成一部《神曲》，貝德麗采昇華成他一生的夢中情人，並成為《神曲》中的仙女。這部西方偉大的作品，我們賞識到它的真實精神，不朽之詩歌經典。

從但丁實例，吾人見識到「稚愛」對人生的影響也可能極為強大，稚愛的年齡層大約是童年（八歲以上），到青少年期（約十六歲以下）。其實絕大多數人都曾有但丁經驗，筆者在大約十歲到十四歲間，也曾有稚愛經驗，也是真心的「兩情相悅」，「她」在我青少年期間留下「永恆的戀情」，也成為我生命中的「夢中情人」。我後來為她寫了不少「情詩」，只是不像《神曲》那樣成為文學經典的情詩。

正偉《我曾看見妳眼角的憂傷》詩集中，有部份展現「稚愛」的純潔感情。如〈青梅竹馬〉、〈青春的戀人〉、〈那一年，我們十七歲〉、〈紅蜻蜓〉、〈雲〉等皆是。

首先賞讀〈紅蜻蜓〉：（註②）

記憶從故鄉的溪流深處向我飛來
童年的小河有兩隻紅蜻蜓嬉戲
純真的年代，無怨的青春
綺麗鮮艷的愛戀
在青青細流上漫舞

跌跌撞撞的羽翼
執意向回憶深處探索
欲覓一朵野薑花的芬芳
無意挑起平靜的水面

撥動涓涓的詩意，點點

——《野薑花》詩刊八期　二〇一四年三月

說紅蜻蜓即非紅蜻蜓，這是詩創作的技巧。「童年的小河有兩隻紅蜻蜓嬉戲」，童年和一群小朋友在河邊玩，有個女生頭髮編成兩條辮子，用兩條紅布條繫個蝴蝶結，詩人想像成兩隻可愛的紅蜻蜓。

就像但丁和貝德麗采相遇，兩個開始激發「稚愛」的小小心靈，他們不一定要交談，但必有某種程度的「心靈交流」，否則不會產生愛戀。「綺麗鮮艷的愛戀／在青青細流上漫舞」，從童年走到青少年，稚愛「升級」成一種愛戀，永遠活在心中，成為一生夢中的愛戀。她是夢中情人嗎？

詩人慢慢長大，兩隻紅蜻蜓始終是生命中最美的回憶。「執意向回憶深處探索……撥動涓涓的詩意，點點」欲使這愛戀成為永恆的記憶，就是為她寫一首情詩，涓涓的詩意正是她的形像。賞讀〈雲〉：（註③）

某年秋天，操場上童年的角落

有兩小無猜，傻傻
女孩有著靈動的大眼
和一襲純白的小洋裝
乍暖還涼，落英繽紛

多年以後，每當楓紅時節
或是白雲飄過藍天
秋蟬在樹上叫著他的寂寞
我總是偷偷，偷偷想起一朵
雲，還在鞦韆上輕輕飄盪

「稚愛」若不深刻，如何在詩人心海中掀起一波波小小的浪花，成為生命中恆久的回憶。「女孩有著靈動的大眼／和一襲純白的小洋裝」，想像著，但丁初次遇見貝德麗采，大約就是如這詩中的兩小無猜，八、九歲的小年紀，這時的兩小純潔得如仙女與王子。小小年紀的情詩王子心中，留下一種永恆想念。

這首詩的「稚愛」含量較淡，雖然在往後的成長歲月裡，詩人經常會想起「她」。「秋蟬在樹上叫著他的寂寞／我總是偷偷，偷偷想起一朵／雲，還在鞦韆上輕輕飄盪」，不是蟬寂寞，而是詩人寂寞，想起她，她的眼，她的形像如雲之自在飄盪。這稚愛的她，算是夢中情人嗎？賞讀〈青梅竹馬〉：（註④）

我們沒有談過愛與戀
思念，卻比愛戀久長
彷彿共同醞釀著
一首，未完成的詩

時間漸漸老去
魚尾掃過眼角，留下滄桑
髮絲紛紛豎起白旗，然後陣亡
我龐大身軀統領的江山
開始，危危顫顫

有一天，親愛的
我將隨著時光悄悄遠行
當妳抬頭仰望星空
妳將看見我，深情的回眸
我綿延無盡的思念
會在每一個晴朗的夜空閃爍

但丁和貝德麗采的命運，如這詩的第一段，二人總共只「相遇」兩次，且沒有直接交談機會，只有眼神和心靈交流。但〈青梅竹馬〉裡的兩個「小小情人」，應有很多機會一起玩遊戲。「我們沒有談過愛與戀／思念，卻比愛戀久長／彷彿共同醞釀著／一首，未完成的詩」。可以這麼說，但丁和貝德麗采共同完成《神曲》，沒有貝德麗采的出現，但丁根本沒有寫《神曲》的動機和使命。

《神曲》最後總結但丁的一生，他超越所有苦難，感覺貝德麗采引導了他走向幸福和快樂，〈天堂篇〉第三十三章，他如是結論：「這都由於那愛的調節，是愛也，動太陽而移群星。」（註⑤）神奇啊！稚愛醞釀，發展成偉大、永恆的愛情；而詩人的「一首，未完成的詩」，因未完成，乃永遠有得寫，寫完一首，又有另一首未完成……

青梅竹馬的年代很快消逝，轉眼已是中年，有一天將悄悄遠行。「當妳抬頭仰望星空／妳將看見我，深情的回眸／我綿延無盡的思念／會在每一個晴朗的夜空閃爍」。那童年的稚愛已在時空中發酵，才會是詩人無盡的思念，那可以思念一輩子的「她」，不是夢中情人嗎？賞讀〈那一年，我們十七歲〉：（註⑥）

那一年，我們十七歲
為賦新辭強說愁的青澀歲月
常到樓梯轉角守候，女神的降臨
永恆迷離的一顰一笑
關係茶飯消費與夜的長度

那一年，我們十七歲
常常熬夜，為一則遠方的思念

那些遠颺的身影，獨獨
只留下一抹嫣然的永恆

那一年，我們十七歲
想念是世界存在的唯一理由
閃亮的星是天地間唯一的動態
常常想逃離家的溫暖或者枷鎖
在孤寂的山村獨自豢養強大的黑

那一年，我們十七歲
一半屬於思念
一半被黑夜收藏

但丁和貝德麗采第二次見面，二人也大約不到十七歲。按但丁自己描述，「……她又在我眼前現身了。這一次她身穿雪白的服飾，走在兩個比她稍微年長一點的女人中間……當她走過一條街的時候，她把目光轉向了我所站立之處。我頓時忸怩失措，萬分心慌。她竟然向我點頭示意，把她那不可言傳的款款深情傳遞給了我。這對我來說，可以視為一種天恩。我感到我獲得了無以複加的天恩……」（註⑦）這段話，後來成為許多畫家的創作泉源。其中最有名，首推 **Henry Holiday**（1839-1927）的名畫，〈The meeting of Dante with Beatrice〉，畫中人眉目娟好，身段婀娜。背景是佛羅倫斯的老橋，現在到佛羅倫斯旅遊者，仍可買到用這名畫制作的明信片〈但丁和貝德麗采相遇〉。

十七歲的但丁和貝德麗采，十七歲的正偉和她，但丁和她始終沒機會說上一句話，正偉和她定有不少機會。只是要說些什麼呢？「**常到樓梯轉角守候，女神的降臨／永恆迷離的一顰一笑……只留下一抹嫣然的永恆**」。兩性間的引力和交流很奇妙，難以解析，貝德麗采不過在遠處向但丁點頭示意，即心有靈犀一點通，不僅傳達了款款深情，更成為永恆的天恩！而正偉也留下一抹嫣然的永恆！都是初戀情人的天恩。

「**在孤寂的山村獨自豢養強大的黑……一半被黑夜收藏**」。這裡有個詭異的意象，強大的黑所指為何？似乎指青澀歲月的心境，一半想著初戀情人的美好，一半是某種苦悶無處述說的孤獨感。

小結

法國十九世紀大作家司坦達爾（他本名是：Marie-Henri Beyle, 1783-1842，司坦達爾是他的筆名），他的傳世名著《紅與黑》、《愛情論》，他也是「愛情專家」，他說童年是無止盡的，他幼年家庭教育受到宗教約束，到五十多歲仍餘慍未息。（註⑧）

這似乎心理學家說的三歲看一生（也有說七歲），犯罪學家研究犯人動機（如台北捷運鄭捷案），也常追溯其童年到青少年的環境背景。換言之，吾人之童年青少年的稚愛，青春期的戀人，都可能成為一生「永恆的夢中情人」，何況情詩王子生來多情，賞讀〈青春的戀人〉：（註⑨）

日復一日
太陽升起又消逝
像瘋狂轉動的輪盤
不斷甩出，無聲的嘆息

驀然回首，猛然驚覺
我們曾經擁有
名為青春的戀人
陽光迷惘，月色黯然
我們無知的消費著時間
任白髮咀嚼著光陰

消逝的青春和戀人，都是流失而永不再來的寶貝，青春是絕不可能永駐的，青春的戀人也只是「夢幻情人」。只是「**我們曾經擁有**」那份感覺依然在心中潛藏，儘管「**任白髮咀嚼著光陰**」，白駒將已過隙，潛藏的寶貝卻又發酵了，詩人抓住了愛情的尾巴，讓愛情回來吧！

本文從但丁和貝德麗采的案例，試圖解析、賞讀幾首源於「稚愛」的情詩，筆者年少也有類似經驗。稚愛確實會是吾人成年後一生的夢中情人，成為創作動力的泉源，有情有愛有血有肉有靈魂的詩作於焉產出。

註釋

①但丁（Dante Alighieri）原著，張明賢譯，《神曲》（The Divine Comedy）（台北：正文書局，一九七七年十月一日，三版），〈天堂篇〉第三十章，頁一五〇－一五四。

②劉正偉，〈紅蜻蜓〉，《我曾看見妳眼角的憂傷》（苗栗：苗栗縣政府，二〇一四年十一月），頁七七。

③劉正偉，〈雲〉，同註②書，頁七八。

④劉正偉，〈青梅竹馬〉，同註②書，頁三九。

⑤同註①，〈天堂篇〉，第三十三章，頁一六四－一六六。

⑥劉正偉，〈那一年，我們十七歲〉，同註②書，頁四一－四二。

⑦《但丁傳》，網路查知。

⑧蔡義忠，《從荷馬到海明威》（台中：普天出版社，一九七一年十一月），頁五四－六五。

⑨劉正偉，〈青春的戀人〉，同註②書，頁四〇。

第十四章 可憐戀花再會吧（引一首台語歌名）

愛情不僅是情詩基本內涵（或元素），也是各國各族群很多歌的重要素材，台語歌寫愛情的悲情（失戀）尤其多。在所有台語著名老歌中，幾乎都是愛情的悲戀，證明「悲劇」最能感動人心，流傳千古：

〈雨夜花〉，周添旺作詞，鄧雨賢作曲，一九三四年作品。

〈桃花泣血記〉，詹天馬作詞，王雪峰作曲，一九三二年作品。

〈河邊春夢〉，周添旺作詞作曲，一九三四四年作品。

〈望春風〉，李臨秋作詞，鄧雨賢作曲，一九三三年作品。

〈悲戀的酒杯〉，陳達儒作詞，姚讚福作曲，一九三六年作品。民國五〇、六〇年代改編國語歌〈苦酒滿杯〉，流行很久。

〈港邊惜別〉，陳達儒作詞，吳成家作曲，一九三八年作品。
〈孤戀花〉，周添旺作詞，楊三郎作曲，一九五二年作品。
〈望你早歸〉，那卡諾作詞，楊三郎作曲，一九四六年作品。
〈港都夜雨〉，呂傳梓作詞，楊三郎作曲，一九五二年作品。
〈舊情綿綿〉，葉俊麟作詞，洪一峰作曲，約一九五七到五九年間作品。（註①）

以上所舉台語老情歌，每一首背後都有一段悲美的真實愛情故事，唱出對愛情的失望、絕望、相思的「失戀意境」。老一輩人說「失戀要吃香蕉」，最近新聞報導，經研究證實真的有用，似乎間接說明，上一代的台灣社會，失戀是常民社會的共同記憶，流行歌唱的全是失戀和悲情，可能和台灣歷史背景有關。

絕大多數人應該都有過失戀經驗，如何定義「失戀」？兩性開始醞釀情意，不論戀愛走到那一階段？成或未成，也是只是單戀，凡戀情結束、得而又失，暫且就叫「失戀」，不論任何原因，失戀之歌是情歌。

年輕時失戀覺得是一種痛苦，但經時間醞釀，歲月歷煉，那場失戀昇華成一種美的回憶。筆者在所有台語歌中，被朋友們公認唱的最好、最有感情，最引共鳴，是〈可憐戀花再會吧〉，「雖然是無願意　甲伊來分離　一旦被風拆散去　抱恨無了時……」，歌中情境也同是自己經過的感受，故能深入又有感。

人類無論如何進化！絕不可能進化成「神」，除非「掛了」。這表示人性中有很多「生物性、動物性」，是絕不可能全部脫除的，人吃五穀雜糧，很多本能需要或情緒以及生理心理等，無論怎樣克制、修行、苦修，人終究仍是一個活生生的人。這樣的一個平常正常而平凡的人，一生必然有很多異性接觸，醞釀出濃淡不一的戀情，有成有敗，有得有失，「失戀」是必然有的經驗。通常男性的失戀次數比女性多，這是物種進化使然。在正偉《我曾看見妳眼角的憂傷》詩集，特選幾首劉正偉式的「可憐戀花再會吧」情詩，賞閱詩人的失戀情境，如何表達於情詩？〈向左走，向右走〉：（註②）

你的寂寞向左走
我的孤獨向右走
生活紛紛，像狂風驟雨襲來
歲月似爆漲的溪水
眼看就要漫過眼簾

從此你有了天涯，我走向海角

回憶在夢裡擱淺
不曾在歧路共沾巾，卻
在陌生的兩個世界
同時在詩中，濕了眼眶

——《台灣時報．台灣文學副刊》二〇一四年八月十日

這首詩沒有詩人一向慣用的「妳」，而用「你」，不表示當中沒有戀情，也許創作者有意淡化妳或不刻意強調。但「**不曾在歧路共沾巾，卻／在陌生的兩個世界／同時在詩中，濕了眼眶**」。這樣的情境，比較不會出現在同性朋友（純朋友、無愛戀情緒）上，異性交往有了戀情再分手，則有詩中情境，不僅正常也暗示雙方一度投入真情，走不下去了，只得分手，可憐戀花再會吧！

雙方講好各奔天涯路，根據一般觀察，女生不久忘了這段戀情（或不想去回憶）；男生則不易忘記，且經常會回憶，「**回憶在夢裡擱淺**」，常夢到她，於是一首詩誕生了，

二人在詩中述舊情，濕了眼眶。啊！人生難忘的一段舊情，孤獨時想起妳，〈雨夜〉有妳：（註③）

今夜又是濛濛細雨
如妳，離去時的暗夜
只留下一棵孤寂的樹
在雨中默默承受
滴滴答答的雨聲

或許，樹梢上面
那一彎孤單的下弦月
也在烏雲背後，暗自啜泣

一段感情，兩份傷悲
一樣的雨夜，兩樣的時光

如果時光能夠倒轉
是否？會有不一樣的雨夜

雨夜、細雨、明月、濛濛細雨，古今無數詩歌為意境美學的需要，最常用來「造境」的詞彙，並不一定分手那天就是雨夜。但那段舊情過程中，小倆個或許有雨夜相處的經驗，才使詩人總在雨夜想起分手情境。「今夜又是濛濛細雨／如妳，離去時的暗夜」，似乎有所暗示，女生急著要出走，等不到天亮，三更半夜又下雨，她還是要走，顯得有些無情。或者二人言談已無交集，她不想多留片刻，執意雨夜就走人，留下孤獨的詩人。「如果時光能夠倒轉／是否？會有不一樣的雨夜」。詩人也在反省這段戀情，是否當年自己處理或表達不當，如果能夠重來，自己改變心態和處理方式，或許就可以持續那段戀情，不會譜出「可憐戀花再會吧」，說不定可以「修成正果」。賞讀〈杯具〉：（註④）

如果你是紅酒，我就是杯具
願意用一生來承載

你的喜怒哀樂、悲歡離合
時常不經意濺出杯外的
聽說是你夢魘中淚的委屈
而常常使我丹田熾熱的
是熱吻後沸騰的情緒

愛情終究不可捉摸
當你轉身離去
在你身後碎裂一地的
是你哭紅的淚水
和，我的悲劇

——《華文現代詩》第二期　二〇一四年八月

這首詩用「杯具」和「悲劇」的諧音，企圖創造兩種情境和想像，當然也從某一段戀情轉化而來，並重新造境。第一段的「杯具」象徵戀情進行順利，以紅酒和酒杯的依存關係，男生給女生可靠的「安全保證」，是「願意用一生來承載／你的喜怒哀樂……」。於是，戀愛最大的享受，「常常使我丹田熾熱的／是熱吻後沸騰的情緒」，那種幸福感只有戀愛中人才能受。

只是世事總不會完全美滿，人與人之間不存在「重疊的兩個集合」，總會有落差或異議。若無充份溝通，或溝通不成，於焉種下悲劇的「因」，「時常不經意濺出杯外的／聽說是你夢魘中淚的委屈」，委屈不能一直持續著，誰也不想永遠委屈。結果，「愛情終究不可捉摸／當你轉身離去……我的悲劇」，可憐戀花再會吧！愛情故事內容人人不同，但方程式大致如此，人在熱戀中，難以有〈悟〉：（註⑤）

抬頭，望著昏暗的天空
盈眶淚水泛著
夢，已經不再令我傷悲
如今，該如何面對空茫的意境
心早已憔悴

現在的你是否，該遺忘
青澀迷濛的曖昧
不捨與眷戀，後悔逃避是掩飾
侵蝕身體的每一個細胞

此刻，陰影佔據我
閉上眼
窗外，已然飄起雨絲

〈悟〉到底悟了什麼？為何「盈眶淚水泛著／夢，已經不再令我傷悲／如今，該如何面對空茫的意境」。該是一段戀情結束了，才有的「空茫」感，傷悲何用？可憐戀花再會吧！說不悲傷，「心早已憔悴……侵蝕身體的每一個細胞」。可以見得，這段戀情是投入真心的。

失戀都是痛苦的，能悟出什麼？「此刻，陰影佔據我／閉上眼／窗外，已然飄起雨絲」。按這詩意，似乎未見悟出什麼？有悟就沒有陰影，不該憔悴！

小結

筆者認同戀愛是人生重要功課，因為人生無可避免是兩性交往溝通，愛情或婚姻才得以完成。假如人生從未得到一分鐘愛情或婚姻，除有特別原因（如獻身宗教）外，是人生的遺憾。但不認同徐志摩的愛情觀，「我們靠著活命是愛情」、「戀愛是生命的中心與精華；戀愛的成功是生命的成功，戀愛的失敗，是生命的失敗……」。（註⑥）人生的成敗怎能全部壓在愛情，太危險了！就算愛情和婚姻全都失敗，人生還是有其他方面可以有大成功、大滿足！很多！

是故，劉正偉的愛情觀，理性而隨緣，一樣可以表達對異性的真情真愛。讓愛情可以昇華，除了心儀的異性，對繆斯、自己乃至山河大地，都可以談戀愛。〈秘密〉一詩可能有一場戀情要發生：（註⑦）

秘密秘密秘密
妳總是藏著許多甜甜的小可愛
春風一再地探問
妳總是像小黃花般輕輕地搖搖

癡心的蜜蜂辛勤地採蜜
卻只獲得一些些小小的線索

窗前溫柔的月亮
是否可以？悄悄地跟妳說
夜裡，請幫我穿過她的窗櫺
赤足躡過迷人的髮梢
偷偷進入她的夢裡
看看是否？有我的名字

——《華文現代詩》三期　二〇一四年十一月

這是一首正在找尋愛情的詩，當可能的「愛芽」現身，「妳總是藏著許多甜甜的小可愛／春風一再地探問……」。總是很想打探「她」的秘密，有一種奇妙的吸引力，無論如何用心打聽，請明月去打探，「偷偷進入她的夢裡／看看是否？有我的名字」。你很想知道，你是不是她的心上人？

也許有一場戀情要發生，假設發生，有感人的故事可以化成詩篇。假設沒有，月亮打聽的結果，你不是她的心上人，甚至候選名單都沒有，可憐戀花再會吧！

失戀都有幾分痛苦，但經時間的醞釀，可以成為美麗的回憶，遺憾也可以消解。那時你唱〈可憐戀花再會吧〉這首歌，意境、境界才會盡出。

註釋

①鄭恆隆、郭麗娟，《台灣歌謠臉譜》（台北：王山社，二〇〇二年二月）。

②劉正偉，〈向左走，向右走〉，《我曾看見妳眼角的憂傷》（苗栗：苗栗縣政府，二〇一四年十一月），頁六六。

③劉正偉，〈雨夜〉，同註②書，頁七五。

④劉正偉，〈杯具〉，同註②書，頁七一。

⑤劉正偉，〈悟〉，同註②書，頁七九。

⑥金尚浩，《中國早期三大新詩人研究》（台北：文史哲出版社，二〇〇〇年七月），頁二一七。

⑦劉正偉，〈秘密〉，同註②書，頁六七。

第十五章　偉大的靈魂是雌雄同體？

——詩人是自己的繆斯嗎？

《野薑花》詩刊主編千朔，在《我曾看見妳眼角的憂傷》詩集序文中，以〈南下記事——訪友不遇〉、〈我是妳〉等詩內涵為例，如是解讀並下一個判斷，「詩人一直是詩人自己的「繆斯」，因此抒發情感的對象，可能是自己靈魂中這個不分男、不分女的情人，也正因為靈魂中有這一位不分男女的中性戀愛者，所以詩人的作品……」。（註①）

千朔說的詩人，當然就是劉正偉，他是他自己的情人嗎？

千朔的解讀和判斷，其實再度提示一個千古以來，許多學者專家所論述的假設命題，即每一個人體內都住著男女兩種不同的性別，也就是大家都「雌雄同體」。當然，除了少數個案有醫學上的根據，其他各家有不同論述、說法，皆一家之言。詩人正偉是那少數之一嗎？他的詩中藏著什麼證據？有多少證據可以證實「偉大的靈魂是雌雄同體」？

英國詩人、文評家柯勒律治（Samuel Taylor Coleridge, 1772-1834），其著名語錄：「男人大腦中的女性部分應該始終都有話要說；至於女人，應該也會跟在她身上的男性部分進行交流……偉大的靈魂是雌雄同體……」。（註②）英國女作家吳爾芙（Virginia Woolf），是現代主義和女性主義先鋒，她自己針對偉大創作者都是雌雄同體一說也有深入剖析。至於柯勒律治的論說，其確切出處則為一八三二年九月一日所發表《席邊閒談》（Talk Tables），摘錄如下：（註③）

「我透過壯觀的、有把握的、科貝特（William Cobbett）式的方法認識了強而有力的靈魂，但我從未見識過這種偉大靈魂。還有就是，對那些先驅者來說，他們也每每錯誤多過正確。眞相在於偉大的靈魂必須是雌雄同體。偉大的靈魂——以斯威登堡（Emanuel Swedenborg）爲例，因爲他們的結果是對的，只不過方法不盡完美，他們就從來沒有錯。」

前摘錄所提科貝特（1762-1835），是英國作家、記者、政治活動家和政論家，小資產階級激進派著名代表人物，曾為英國政治制度民主化而奮鬥。斯威登堡（1688-1772），是瑞典科學家、神秘主義者、哲學家和神學家，他以能來去陰陽兩界，並為兩界通靈者、溝通者而著名於當世。他們對「人類的雌雄同體」都有精彩的剖述。

從千朔的提示到思想家們的論述，筆者以為「雌雄同體說」仍屬「一家之言」，而非「普遍性現象」，其中也涉及「含量」和「程度」問題。程度高含量多就明顯表現出來，反之則不易查覺。例如說名模林志玲體內有男性含量，歷史上許多偉人聖人的體內有異性元素，這恐怕是讓人不能接受的事。所謂偉大的靈魂「必須是」或「都是」雌雄同體，是不能成立的假設，如同假設世上有鬼，都犯了方法論（Methodology）極嚴重的錯誤，因為永遠無法證實「必須是」或「都是」。

但「雌雄同體是偉大的靈魂」，則是可以成立的假設，筆者亦認同，只要在古今所有人類中找到有一人，而他是偉大的，便可以說「雌雄同體是偉大的靈魂」，假設也得到證實。合乎「偉大的」必然是極少的例外，而「不偉大的」但很突出的雌雄同體，這樣的藝術創作者，相信可以找到不少案例。在劉正偉的作品中，選幾首此類屬性賞讀之。

〈我是妳〉：（註④）

對，我是妳
喜歡你超出了喜歡的層次
掙扎也超出掙扎的極限
一個會心的微笑，不知是劫是緣
繆斯與女巫在夢裡日夜爭辯

換你當我的繆斯吧！妳說
世界上的知音竟如日月稀少
不曾說愛，牽繫自在其中
繆斯間，或許超越凡人的境界

我不知道，夜裡會飄逝幾顆流星
就像不知道，今夜誰又會先想起誰

——《乾坤詩刊》七十期　二〇一四年四月

新聞媒體常報導「變性人」，少部份出生時就已是「雌雄同體人」，兩性特徵都有，或顯或隱。「**對，我是妳／喜歡你超出了喜歡的層次／掙扎也超出掙扎的極限**」。一個身體裡面住著一個男人和一個女人，他們日夜鬥爭，就快把宿主（身體）鬥垮了。掙扎多年後，終於有一方勝出，並變性成功，以新的性別重出江湖，有更多終其一生活在兩性縫隙裡，飽受異樣眼光。如是解讀，似並非〈我是妳〉一詩原意，但可以衍繹解讀。

詩人心中住著繆斯女神，詩人如女神戀愛了，詩中用了「妳」和「你」，表示同體兩性的掙扎，角色也常常互換。「**換你當我的繆斯吧！妳說／世界上的知音竟如日月稀少／不曾說愛，牽繫自在其中**」。詩人為何和自己戀愛？知音稀少是原因之一，感情要向誰抒發？誰也不願意成為你的「垃圾桶」。所以就如千朔所言，詩人一直是詩人自己的「繆斯」，感情向住在自己體內的知音抒發。賞讀〈南下記事——訪友不遇〉：（註⑤）

當繆斯上了高鐵
忐忑不斷地加速
童年時光一直過站不停

從這一站到那一站
總有許多的故事遺忘，或發生
等待，對中年男子其實是好的
我在終點站，專注地守望
太陽，朝西子灣的方向
緩
緩
落
下

——《野薑花》詩刊八期　二〇一四年三月

這首題為訪友不遇，但詩意有很大的空靈空間，有具象的解釋，有意象的意涵。具象者，如千朔解讀，是詩人和自己心中繆斯的對話，真的乘高鐵訪友，直到太陽下山還沒有等到友人。

但這詩比較像造境之作，形容人生旅程如坐高鐵。「童年時光一直過站不停／從這一站到那一站／總有許多的故事遺忘，或發生」。人生旅程每一站都有故事和事故，有好有壞，任何事都有可能。第一段六行似與主題無關，第二段詩人在終點站等到太陽下山仍未見友人，從整首詩意判讀，詩人好像並不是在「訪友」，而是訪自己心中的「繆斯女神」。

「等待，對中年男子其實是好的」，為何是好的？好像等待，時間就可以不走，一種心裡期待或象徵。南下似非南下，訪友也不明顯，意象並不鮮明，空靈和想像就留給讀者去自由心證。賞讀〈射手座的男子〉一詩：（註⑥）。

射手座的男子有著溫柔的翅膀
常常在夢寐中飛向詩想像的國度
飛進繆斯妳我溫柔的夢境
同溫共感共鳴的美好時刻

射手座的男子有顆脆弱的心

常為弱勢低泣，為感動潸然
不平則鳴，有著似水柔情
或許是邱比特與獵户座的化身

射手座的男子有著堅強的意志
常為生活加油，為理想鼓舞
從不退縮，無所畏懼
在生活困頓中奮勇拼搏

射手座的男子常常仰望星空
幻想配飾獵户座腰間的參宿星
像一個追逐夢想的夸父
追捕一串串稍縱即逝的意象
獵風獵雨獵雲
卻逃不過歲月無情的狩獵

正偉是射手座男子，這首詩正是他自己性格特質的詩寫。按一般十二星座說法，射手座的人愛情觀保持很開闊的想法，最能接受國際化的異國感情（婚姻），他很能在不同環境重新學習成長，給他這種機會的伴侶，射手座自然會樂意和對方保持同步調。所以射手座很容易和外國人一見鍾情，更會以迅雷不及掩耳之速度，讓自己的幸福儘快完婚。

惟筆者對星座信任度很低，我傾向自己的觀察或當事人的自我告白。如這首詩，詩人說的自己有四個特質（溫柔的翅膀、脆弱的心、堅強的意志、常仰望星空），四段十六行分別詩述四項內涵。或許詩人在詩集最後〈跋：愛與詩〉一文，有幾段話可以是這首詩俱體引註，「愛與詩，一直是我追求的夢想。因為我堅信只有浪漫純悴的愛與詩，能留下永恆的記憶，能與時間歲月長相抗衡……文學始於想像，一個創作者如缺乏愛與想像力，不管是愛人愛物或愛這世界的心……」。（註⑦）愛人愛己都是愛，愛住在自己體內的繆斯情人更是愛，「飛進繆斯妳我溫柔的夢境／同溫共感共鳴的美好時刻」。這種「雌雄同體」的情境，應該說是詩人對詩文學的熱情，達到物我合一的境界。

詩人以柔情的心、堅強的意志，仰望星空追求文學夢想，「追捕一串串稍縱即逝的意象」。這正是詩人在〈跋〉文所述，「愛與詩，是我一生無悔的追求。」（註⑧）然而，詩人把生命獻給文學創作，「獵風獵雨獵雲／卻逃不過歲月無情的狩獵」，詩人捕獵了風雨，光陰歲月捕獵了詩人，眾生萬物都是時間的獵物，逃不過！無處可逃！詩人乃常向大家警示：「人生苦短，隨緣隨喜」。

小結

中國人的藝術、美學構思的最高境界，稱為「物化境界」，「物化」是審美主體和審美客體融合為一的境界。例如，詩寫海洋，人與海洋相溶為一，海洋是詩人體內的情人；詩寫高山，人與高山同體為一，高山是住在詩人心中的情人。準此而言，千朔在序中解讀詩人一直是詩人自己的「繆斯」，抒發情感的對象是自己心中的「中性情人」，說其「雌雄同體」，即非雌雅同體，而是詩人和繆斯的同體合一。

李白的〈獨坐敬亭山〉最能詮釋詩歌意境的物我合一，「**眾鳥高飛盡，孤雲獨去閑。相看兩不厭，只有敬亭山**」。詩人置身敬亭山，面對飛鳥孤雲妙境，彷彿自己就是敬亭山，或者敬亭山就是詩人本身，詩人與自然景物溶為一體，自然就「相看兩不願」，敬亭山成了李白的情人。對李白而言，此刻他「雌雄同體」；而詩人正偉呢？此時他心中也有一座「敬亭山」，那山神是詩人的夢中情人，賞讀〈女神〉：（註⑨）

優雅是你的名字，機車也是
機機車車地等到繆斯的出現
繼續人生一段未完成的夢
妳是風是雲是水
愛風的自由雲的飄逸水的執著

如果，我是那片寧靜的海洋
妳終於溫柔執著永恆地流向我
此生，心海將不再波動
就讓我憂愁妳的憂愁，快樂
妳的快樂，日日夜夜守望
癡傻地，等候妳優雅的到來

——《台灣時報．台灣文學副刊》二〇一四年六月九日

說女神即非女神，而是情人；說情人即非情人，而是文學創作，等繆斯出現，欲捕捉靈感、意象。這種過程很優雅，也很「機車」。但詩與愛已和詩人「同體共生」，是故，「**此生，心海將不再波動……等候妳優雅的到來**」。妳是詩人的女神、情人、敬亭山，文學生命和靈魂！

本文從提問「偉大的靈魂是雌雄同體嗎？」，切入詩人的文學詩品創作觀，從千朔對〈我是妳〉、〈南下記事——訪友不遇〉等詮釋，詩人靈魂中有不分男、不分女的情人，即不分男女的中性戀愛者。換言之，即自戀，自己是自己的情人，雌雄同體也。

對於這樣的情境，或針對此一文學創作觀的描述，筆者比較不願用「自戀」或「雌雄同體」概念。而用中國人的藝術美學「物我合一」、「天人合一」思想詮釋之，尤其是老莊哲學、美學所論之「道」，乃「**天地與我並生，萬物與我齊一**」、「**獨與天地精神相往來**」。以這樣的境界寫詩，寫江河，詩人化入整條江河；寫天空大地，詩人以天空大地為一體，為情人。寫繆斯、女神、情人，便和她同體同在，這種物我合一之境，正是中國文學藝術詩歌的底蘊。

註釋

①千朔，〈我與繆斯同讀一本詩集──關於詩人劉正偉的《我曾看見妳眼角的憂傷》〉，《我曾看見妳眼角的憂傷》（苗栗：苗栗縣政府，二〇一四年十一月），頁一〇—一七。

②莒哈絲（Marguerite Duras）著，繆詠華譯，《懸而未決的激情：莒哈絲論莒哈絲》（台北：麥田出版，二〇一三年七月），頁二二五—二二六。

③同註②，頁二二六。

④劉正偉，〈我是妳〉，同註①書，頁七〇。

⑤劉正偉，〈南下記事──訪友不遇〉，同註①書，頁五六。

⑥劉正偉，〈射手座的男子〉，同註①書，頁三七—三八。

⑦劉正偉，〈跋：愛與詩〉，同註①書，頁一〇六—一〇八。

⑧同註⑦。

⑨劉正偉，〈女神〉，同註①書，頁六二。

第十六章 愛情：在幻滅與永恆之間糾結

《新詩絕句一百首》是劉正偉較特別的一本詩集，在詩壇上沒有以這樣的四行絕句出版詩集，故說特別。正偉從二〇一四年開始在臉書大力提倡新詩絕句創作形式，獲得不少迴響，在《華文現代詩》更以專輯方式刊出。

按正偉所述，「新詩絕句」的唯一規則，就是只寫四行，沒有字數、形式和格律的限制。這與我國古時「五言絕句」一樣四行稱為絕句。說到正偉提倡這種詩體創作的動機，我頗能認同，謂現代工商社會大家忙的事太多，沒有時間和心思讀行數太長作品，即越簡單越好。四行絕句，短巧精悍，易於國人理解，方便翻譯給老外欣賞，簡易也讓大家喜愛或新手學習創作寫詩。（註①）

現代詩壇對於詩行數的概要區分，有小、中、長及微型詩的分類，三行以下（三、二、一行）稱微型詩，其他沒有任何約定，小短中長都由詩人自己認定。但就詩品、價

第四篇

《新詩絕句一百首》：四行小詩一世界

詠南崁溪 劉正偉

秋風起兮，
漣漪微揚
雲霞潑墨
遂染紅了
河面江水滔滔
與伊人鬢上
最後一縷青絲

夕陽西下
黃昏向晚
白鷺鷥涉水清淺
聆聽，
風與蘆葦綿綿絮語
甜根子草且隨風起舞
一展風顏
婆娑沙地且縱筆
狂草

張佩惟 筆

值（暫以市場為準）、意境表達等，到底那一種最有機會能成千古不朽的經典？完全在創作者的功力。僅僅四行的絕句，要能結構完整，自成一世界，加上意象要鮮明，意境要深遠，不因小而有缺，從這本新詩絕句，讀出創作者有不凡的表達功力。

深入研讀《新詩絕句一百首》，有「情詩意涵」佔了三十六首，情詩在這本詩集份量最重。其次可歸納出以下各子題：人生成長過程反思和回憶、對生命歲月殤逝之感懷、詩與愛和人生價值的思索、自然環境季節的「無情說法」。分章研析各子題詩作，從情詩開始。

壹、就是想妳，夢中情人

〈窗〉、〈雨〉、〈想〉、〈失眠〉、〈不再〉、〈懷人〉、〈永恆的戀人〉等詩，就是想妳，夢中情人。賞讀這首典雅的〈窗〉：（註②）

想妳的窗打開
心花，就怒放了

每天種下思念的小草
希望能一直綠到妳的窗前

好美的詩，散發浪漫主義的愛情夢幻美學，窗亦非窗，草亦非草，像是一景打開通往天堂的窗，進入夢中情人的「蟲洞」。那「**每天種下思念的小草**」，為何用「小草」不用大樹？小草多而雜，有窸窸窣窣的意象，每天想妳，想得心中癢癢！忍不住要奔向妳「**綠到妳的窗前**」。啊！這一整夜，〈失眠〉：（註③）

夢在凌晨四點醒來
市聲悄悄，屋外清涼
世界一片漆黑，發呆著
微弱的星子，遠方的妳

談戀愛時想「馬子」的情境，男生和女生不一樣，吾非女生說不準，從男人心理解讀這首詩有兩種意涵。一者單純的想女朋友，所以失眠。二者暗示戀情似不太樂觀，失眠通常是「有事情」發生，心裡掙扎著，「世界一片漆黑，發呆著」，不知道怎麼辦？「微弱的星子，遠方的妳」，倆人距離越來越遠，情意交流日愈微弱。「馬子」終於飛了，還是會常想起她，這是雄性生物的特質嗎？

「總是不經意的想起妳／在夜闌人靜的時候∥妳是知道的，雨下久了／也是場可憐的災難」（〈雨〉註④）。這詩中的「雨」未必是真下雨，如前面的「窗」、「小草」，都是造境之作，浪漫詩人總是善於造境。只要有一個真實或夢中情人，就有無限多意象可以捕捉，無論經過多少年！只要感覺在，也可以有無限多的造境，這是愛情和文學的神奇美妙關係，如〈不再〉：（註⑤）

經過多年的風風雨雨
如果，再回到從前
我會緊緊跟隨，細細呵護
不再輕言，別離

讀這幾首詩，筆者等同再談一次戀愛，尤其想起我那「可憐戀花再會吧」那一幕，多年來她依然是我的夢中情人。「如果，再回到從前／我會緊緊跟隨，細細呵護／不再輕言，別離」。不知為何？人最容易犯的錯，就是眼前擁有的不知珍惜、呵護，必待失去後才來跳腳反省，才覺得那擁有是多麼可貴。只好，把她永遠藏在你的夢境深處，成為夢中〈永恆的戀人〉：（註⑥）

除非，心不再跳了
否則，夢裡依舊
迴盪妳的倩影
呼吸妳的呼吸

這就是愛情的魔力與真相，只要你心中有一個她，不論你到了何樣年歲！滿頭銀髮，有了她就有愛情的憧憬，愛情的星星永遠如年輕時代的熱情。「每當想起妳時／星星也亮了起來／／不知伊人，胖了瘦了／想念的季節，日子總是特別難熬」。（〈想〉註⑦）想念太深，成了相思，再久再深成了相思病，幸好詩人以隨緣隨喜的人生觀，相思不會成病，只會成詩成為一種人生浪漫的風景。

貳、關於愛情的了悟、幻滅與永恆

大家都知道愛情之不可得，得之亦瞬間消失，《金剛經》那四句偈，大概最適合形容愛情，「一切有為法，如夢幻泡影，如露亦如電，應作如是觀。」。相信情詩王子對這四句偈是有領悟的，才能以「隨緣隨喜」愛情觀處理兩性感情問題。如〈關於愛情〉：（註⑧）

關於愛情
其實是一種微弱的火苗
及其引燃的煙火
短暫，而永恆

微弱的火苗形容愛情，意象鮮明而又歧義（意），暗示愛情單純又複雜，短暫幻滅又永恆。為何？一者微弱火苗也會燎原到不可收拾，再者引燃煙火很快燒完，三者愛情火花可以產生驚天動地的力量，創造永恆的「神話故事」。神話的吸引力來自想像，愛情神話的想像當然源自性愛想像，賞讀〈香〉：（註⑨）

多飽實的一柱香
像女子青春的胴體

再淒美的愛情，終成灰燼
當微弱的愛苗點燃剎那情火

用燒一柱香的時間約一刻鐘，很貼切的形容愛情，如同形容人生如白駒過隙。「女子青春的胴體」是一種Libido（力必多）想像，也是愛情的基本元素，而「再淒美的愛情，終成灰燼」則是愛情的真相。只能這麼說，愛情因短暫稀有如鑽石，大家都想獲得，就算一夜情也成一生難得的珍貴回憶。〈錯身〉：（註⑩）

在對與錯的時光流連，躊躇

轉角曾經遇到的愛與思念
一次轉身的回眸，就是永恆
一生有了愛與詩，我已富足

就在今夜，只這一夜，考慮著要不要發生？若不！還是個男人嗎？「在對與錯的時光流連，躊躇／轉角曾經遇到的愛與思念」。於是，你決心像個男人，捕捉這短暫的情愛，這一夜即成就一生，「一次轉身的回眸，就是永恆／一生有了愛與詩，我已富足」。神奇吧！有了愛就有詩，有人生、有家庭、有富足、有一切！就算一夜愛也是人生的永恆。你不信嗎？詩人這麼寫，你以為那是和李白一樣白髮三千丈的詩語言。因為愛情說不清楚，講不明白，只有〈思念〉：（註⑪）

這世界唯一說不清的，也許是情
唯一還不完的債，也許是愛

有情有愛糾結的一生
思念，有著苦辣酸甜

說不清楚講不明白的東西，只有憑感覺，但人與人之間的感覺不可能百分百接合，必然有所落差，乃至相背。故成也愛情，敗也愛情，「你沒有真正愛過／因為，不夠瘋狂／／在愛情迷宮，有人／一直沒出來過」。（註⑫）這個在愛情迷宮裡一直沒出來的人，是不是徐志摩？他至死都在追尋愛情，相信他到另一世界亦如是。

愛情的了悟、幻滅和永恆，說之不盡。在〈思憶〉、〈星願〉、〈和妳一樣〉、〈淚〉、〈鏡子〉、〈車站獨思〉等，都是深值一讀的好詩。

參、山河大地、風花雪月擬情人

古有梅妻鶴子，今有詩人把風花雪月大地自然當情人，把「它」當「她」寫情詩，也是一種人生境界，何況擬人化詩寫是常用的技巧。同時也影射詩人的多情，無論面對何樣景物，詩人總會想起他的心上人。如〈雲海〉：（註⑬）

雲霧，在太魯閣峽谷間款擺
無聲無息，隨興自在的演出
她不為任何一個觀眾
只為一個，癡情的我

把雲霧想像成情人，風景本來大家共賞，現在變成「她不爲任何一個觀眾／只爲一個，癡情的我」。這是詩人的自戀，但也暗示愛情的私密性和私有化，誰的就是誰的，不可能與任何第三者「共享」情人。〈守候〉：（註⑬）

風，已然遠離
只有土地這個癡漢
忘情的守在樹下，等待
守候妳，一生一次的飄零

以土地和樹永不分離的意象，將二者擬人化成一對永恆相守的情侶（伴侶）。這個意象捕捉的很美很有創意，本來風會飄走，水會流走，不會和樹相守一輩子，只有土地這個癡漢。詩意也暗示，有情人要向土地和樹學習，相守一生，不要動不動就劈腿走人！

有這種擬情人詩寫的，還有如〈傷〉、〈月光〉、〈微笑〉、〈雨〉等都是。這種將大地自然風花雪月擬情人寫的詩，喻麗清認為「嚴格地說這不算是情詩」。（註⑮）我思，就讓讀者自由心證好了。

小結

人與人之間有愛，一切都變得美好，缺點也成為特色。又有了情，什麼身份、地位、貧富，全都打破了。愛情到底是個什麼東西？讓人醉、讓人迷、傾人城、亡人國，乃至發動一場戰爭，就為那心上的「西施」。所謂「情人眼裡出西施」，情人無不美，〈頰〉：（註⑯）

妳臉上長了兩顆水蜜桃
親愛的

再紅一些
就是伊甸園熟透的蘋果了

傳說歷史上有三顆了不起的蘋果：一顆促成人類的愛情和演化，一顆讓牛頓發現地心引力，再一顆推動電腦科技造福人群。三顆那一個最偉大？

地心引力大家習慣成無感，科技冰冷無情，只有愛情短暫又永恆，人人追尋又怕糾纏。但愛情有極大法力，可謂法力無邊，能使人在冰寒裡燃出熱情，可使人回春，讓人永恆不死！

註釋

①關於「新詩絕句」倡導與動機等，詳見劉正偉著，《新詩絕句一百首》（台北：秀威資訊公司，二〇一五年四月），〈論提倡「新詩絕句」〉、〈後記〉二文。

②劉正偉，〈窗〉，同註①書，頁二二。

③劉正偉，〈失眠〉，同註①書，頁二七。

④劉正偉，〈雨〉，同註①書，頁八五。

⑤劉正偉，〈不再〉，同註①書，頁八九。
⑥劉正偉，〈永恆的戀人〉，同註①書，頁一三三。
⑦劉正偉，〈想〉，同註①書，頁一二五。
⑧劉正偉，〈關於愛情〉，同註①書，頁二〇。
⑨劉正偉，〈香〉，同註①書，頁七九。
⑩劉正偉，〈錯身〉，同註①書，頁一〇〇。
⑪劉正偉，〈思念〉，同註①書，頁九六。
⑫劉正偉，〈迷〉，同註①書，頁一三八。
⑬劉正偉，〈雲海〉，同註①書，頁一九。
⑭劉正偉，〈守候〉，同註①書，頁二五。
⑮喻麗清編，《情詩一百》（台北：爾雅出版社，一九八三年一月，三版），頁一一。
⑯劉正偉，〈頰〉同註①書，頁九八。

第十七章 愛情：從稚愛、繆斯、元配到小三的解放

愛情的誘惑與想像古已有之，可謂中外各民族有無限多的淒美故事，都是有關婚外情（現代術語叫：小三、小王、外公、外婆），才最引人入盛。這些術語及代表之意涵，已是台灣社會普遍流行和顯學，最妙不可測知又最有誘媚力，是愛情過程中的「巫山雲雨」。按「實踐是檢驗真理唯一的方法」，則巫山雲雨是檢驗愛情唯一的方法。吾國大唐詩人元稹有詩：（註①）

曾經滄海難為水，除卻巫山不是雲。
取次花叢懶回顧，半緣修道半緣君。

元稹這首詩的本意，不在想像夢中情人，也不是繾念一夜情和小三的雲雨巫山事。而是思念亡妻，「難為水、不是雲」，意指今後不再動情了。

但這首詩在歷史上還有更多愛情神話的想像，主要源於「巫山雲雨」或「雲雨巫山」成語。其意象是指男女幽會、交媾一事，類似現在所謂婚外情、一夜情，乃至兩情相悅之幽會。傳說西王母的第二十二個女兒瑤姬和大禹有一段戀情，瑤姬以神通力幫大禹打通巫山水道，大禹到巫山在「雲樓玉台」見到瑤姬，但大禹以天下為己任，治水心切，沒有過夜就快速辭別瑤姬下山。等到大禹治水功成，瑤姬和侍女已化為巫山十二峰。

「巫山雲雨」典故，另來自宋玉〈高唐賦〉。這個故事版本裡，瑤姬是炎帝神農氏的女兒，尚未出嫁就死了，葬在巫山之陽（巫山南麓、長江北岸），稱巫山之女。戰國時，楚襄王來到雲夢大澤「高台館」，見山上雲氣靄然，問陪臣宋玉：「那是什麼？」宋玉說是朝雲，襄王又問朝雲是什麼？宋玉就講了一段先王（襄王之父楚懷王）的故事。

楚懷王到高唐之台遊玩，夢見一女子對他說：「妾是巫山之女，在高唐做客，聞國君到高唐來，願薦枕席（自願陪你過一夜）。」於是夢中兩人有了雲雨巫山事。臨分別，巫山之女對懷王說：「妾在巫山之陽，高丘之岨，旦為朝雲，暮為行雨，朝朝暮暮，陽台之下。」夢醒，懷王只見巫山上一片雲，命人為神女立廟，號曰「朝雲」。

神話神女也好，那一夜巫山雲雨事，是多麼浪漫誘人。在真實世界的社會裡，這種兩性情愛間的拉扯到解放，從來都是最熱鬧的悲喜劇，各種大小報媒體使勁吃奶力氣，為大眾提供各類悲喜劇情。〈小三〉跳樓：（註②）

救護車警笛由遠而近，又匆匆離去
聽說，那個名聞社區的女人
將她的心事從十二樓拋下
墜落的速度，流言怎麼也趕不上

談情說愛本來是很浪漫的，但弄到有一方跳樓（小三、小王、元配任何一方），就演變成慘劇，所以想要得到「浪漫愛情」，需要「理性管控」加上一些「戰略佈局」，才能成就美事。尤其那些已當了「囚徒」的人，即不能脫身，又不願意當一輩子囚徒，想要有個浪漫戀情，玩巫山雲雨遊戲。那麼，需要「戰略智慧」，將全部戀情藏於「九地之下」，人事地物無痕無跡，你就是浪漫故事的主角，寫不完的浪漫情詩。否則，你

的故事只能寫成一首首〈悲劇〉：（註③）

世上最大的悲劇
莫過於兩個不再相愛的戀人
依舊，被婚姻的枷鎖
牢牢綑綁

寫到這裡，我在準備看電視影集《愛因斯坦：世紀天才》第十集完結篇。看到愛因斯坦婚姻只有「慘劇」二字可以形容，夫妻已如水火，以答應老婆三條件為離婚代價：㈠孩子監護權全部歸太太所有，身為父親的愛因斯坦不得探視；㈡未來若拿到諾貝爾獎，獎金全部歸太太所有；㈢必須以通姦罪（愛因斯坦和表姊）之名離婚。大科學家全部答應，脫離慘劇，獲得解放，可以和表姊正式結婚，再婚後的愛因斯坦仍然不斷有婚外「情人」。

可以肯定的說，眾生都不願意被牢牢綑綁，就算被綁住，也一定可以找到「出口」，因為這是本能。在各種出口方式中，昇華或轉移是最佳模式，一樣可以擁有初戀情人、

夢中情人或繆斯女神。〈遇見〉：（註④）

突然撞見美麗的繆斯
像小鹿在原野狂奔
不只細細的水紋
怦然，像海嘯襲來

心中有了繆斯，除了產生轉移效果，精神可以得到昇華，也許枷鎖也可以解脫。因為繆斯也是一種力量，「怦然，像海嘯襲來」，象徵一種強大的力量。誰是繆斯？可以是詩歌文學，是心中的美夢、女神、情人，是心裡的稚愛。〈給繆斯〉：（註⑤）

兩個小小的傻瓜
在心裡依偎著，默默約定
要到很遠很遠的南方

去看看南十字星永恆的星空

這是小男生小女生的夢，是我們的稚愛，這種感覺會留在我們潛意識裡，永遠不會「刪除」，我常舉但丁和貝德麗采的例子，他們「緣」一定於八、九歲的童年時代，卻成一生的夢中情人。〈童年〉：（註⑥）

那年夏天
沒有勇氣親親妳的酒窩
轉身，妳的影子小
成了永恆的烙印

這是我們童年常有的經驗，夢是一定會有的，但感覺則不一定可以持續很久，因為「轉身，妳的影子小／成了永恆的烙印」。是心中的烙印，可能永遠藏在潛意識裡，等你一把年紀了，成為美麗的回憶。

小結

愛情難以說清楚講明白，稚愛、繆斯、元配到小三，說不完的話題。如〈情〉、〈薰衣草〉、〈初戀〉、〈繆斯〉、〈海〉等作品，都捕捉了愛情的某一小角落。大家都還忘不了〈初戀〉吧：（註⑦）

某年夏天的教室裡，青春
正負雲層在空中交會
兩對眼睛，擦出了閃電
多年後，還冒著零星火花

「多年後，還冒著零星火花」，表示當年（高中或大學時代），兩人開始有愛的火苗燃起，只是燒的不夠旺。但零星火花也暗示戀情斷斷續續，沒有機會修成正果。只是筆者以為，如是成為永恆的夢中情人更浪漫，而不是成為「慘劇」！

註釋

①元稹，字微之，河南人。生於唐代宗大歷十四年（七七九），卒於唐文宗太和五年（八三一）。大詩人杜甫因貧窮死後無力歸葬，直到死後四三年，至元和八年（八一三），杜甫的孫子嗣業，才運柩到偃師，移葬首陽山與杜審言的墓側。嗣業路過荊州遇到元稹，懇請元稹為他的祖父寫了一篇墓志銘。

②劉正偉，〈小三〉，《新詩絕句一百首》（台北：秀威資訊公司，二〇一五年四月），頁三一。

③劉正偉，〈悲劇〉，同註②書，頁一三四。

④劉正偉，〈遇見〉，同註②書，頁一二一。

⑤劉正偉，〈給繆斯〉，同註②書，頁一二四。

⑥劉正偉，〈童年〉，同註②書，頁三八。

⑦劉正偉，〈初戀〉，同註②書，頁六九。

第十八章　人生成長的碰撞、現實和寂寞

最近有一則新聞引起很大的話題，讓一些年輕人思考他們的人生方向，到底何去何從？《印度快報》（Indian Express），一位住在古吉拉特邦艾哈邁達巴德市，全印度最優秀高中生沙赫（Varshil Shah），他在今（二〇一七）年五月的考試全印度最高。但他放棄進入一流大學，放棄未來機會最多的榮華富貴，選擇剃度出家當一名僧人，原因是「最高分不會帶來快樂」。（註①）對世界上有些資優生，引起小小的衝擊，到底人生所為何來？

「新德里電視台」（NDTV）訪問這位高中生沙赫，問到出家的初衷是什麼？沙赫說：「在考試上得到最高分，不會帶來快樂。物質世界不會給予百萬人尋求的永恆快樂，只有內心的平靜才會有永恆的快樂。」

「快樂」「永恆的快樂」，即平常又嚴肅的人生命題，常在劉正偉的詩裡讀到這樣

的概念。誰也說不準怎樣才快樂？何況是永恆的快樂！根據英國倫敦政經學院（LSE）最新研究，比起雙倍薪水，擁有健康的心理和良好的伴侶關係，才是真正快樂關鍵。（註②）然而，這只算是入世法的快樂，談不上「永恆的快樂」。而「良好的伴侶關係」何處尋？婚姻、不婚、試婚、婚外情人（小三、小王、外公、外婆）……。何者最有可能？顯然，擁有愛情較有可能成為良好的伴侶關係，正偉在詩中探索最多的正是這種快樂情境。

至於「永恆快樂」，在紅塵世界、物質世界確實是不存在的，以及「永恆的愛、永恆的愛情、永恆的生命」，這些都只存在精神世界，在出世法中（宗教）。例如，佛經《方廣大莊嚴經》說：「**遠離眾罪垢，不著於世間；永斷我慢心，是爲最安樂。**」而在《摩訶帝經》也說：「**世間所有諸欲樂，乃至天上所有樂；若比斷貪之大樂，十六分之不及一。**」這就是永恆的快樂，那位高中資優生沙赫小小年紀，就能洞穿世界之假相，不為所惑，選擇追求永恆的快樂，出家當一名苦行僧。

說「苦」行僧即非苦行僧，他永斷我慢心，得斷貪之大樂，得到永恆的生命，永恆的快樂，真乃「樂行僧」也。而永恆的愛、永恆的愛情，相信沙赫也不缺，對於這樣一位勇於擁抱大愛的智者，整個大地宇宙全人類都是他的情人，不是嗎？

為什麼要先論及沙赫這樣的案例？因為劉正偉的詩作，幾乎大多數針對人生的本質和過程，透過詩語言進行思考、提問或反省；而愛情、創作與人生則重中之重。就以這本《新詩絕句一百首》，乃在這些範圍內。本章僅從人生成長的碰撞、現實和孤寂，賞析幾首有代表性的作品。〈風〉：（註③）

風，像一個酒醉的男子
常常冒冒失失
莽莽撞撞沒有方向感
一如，年輕時的我

眾生一切成長過程，都免不了碰撞，所謂「王子與公主從此以後過著幸福美滿的日子」，在人世間根本也是不存在的。前面講到這位印度資優生沙赫，假設不出家去讀一流大學，他的人生要面對各種大小碰撞，肯定是不會少的；如今出家，他才不過高中畢業（約十七歲左右），出家之路也漫長，未來的碰撞各種困境肯定更多。只是碰撞隨著年長而漸少，這便是智慧和修行的成果。要走好人生路並不容易，〈路〉：（註④）

人生路途坎坷崎嶇
堅持下去，會更平坦寬廣
莫嫌荊棘險阻，前程艱難
路走久了，就是你的

真的，這是詩人的真情體驗，「路走久了，就是你的」，不論入世路或出世路，堅持下去，就是成功路。若你三心二意，成功路就都是別人在走，兩性關係也是，常聞愛情長跑多少年才修得正果。確是，很多方面，只要堅持下去，「她」就是你的。〈孤獨與寂寞〉：（註⑤）

朋友，你的孤獨如此強大
以至於，我的寂寞
永遠也趕不上

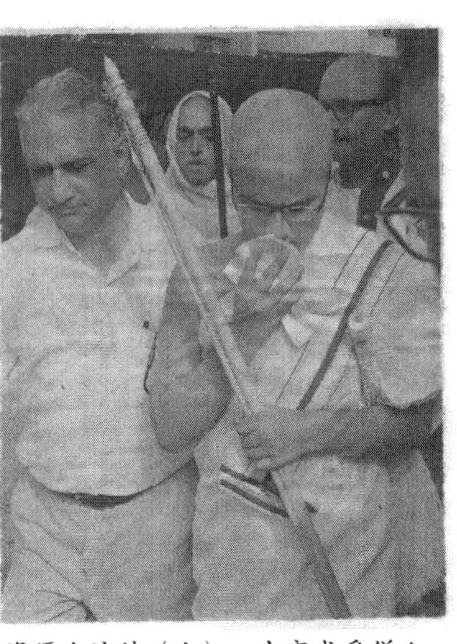
資優生沙赫（右），出家成爲僧人。
（人間福報 2017.06.14 第八版）

妳的，孤獨

這兩個「孤男、獨女」，一個有強大的孤獨，一個空虛寂寞，似乎再企圖暗示，我們何不乾脆「送做堆」算了。人生的孤獨寂寞是本質性問題，筆者在多個篇章已有討論，世間法範圍內的愛情或快樂，都不能完全圓滿解決人生的孤寂。「**寂寞，在街道上走著／像一陣風輕輕踩過落葉／／沒有人發現我的存在／就像風一樣**」。（〈寂寞〉註⑥）人生的寂寞感，帝王將相販夫走卒，其實只有程度上的差別，地位越高越寂寞，高處亦不勝寒。而在這個現實的路上，只是受點傷，是幸運的。〈傷口〉：（註⑦）

人生是一條單行道
有著坑坑疤疤的路面
每個人心中，總有那麼幾個小傷
常常在暗夜中舔舐，自體療癒

這首詩講到人生兩個重要體驗，每個人心中總有幾個小傷。筆者以為，這是很幸運的，現實世界很險惡，有很多人受到的是重傷害，有的並非自己犯錯，而是「莫須有」災難，甚至丟了小命也不少，所以小傷是幸運的。其次「傷口」造成了，「**常常在暗夜中舔舐，自體療癒**」，一切的傷，都必須從自我內心反思反省調適，自體療傷，才能真正痊癒；不從內心開始，一味指望外力癒傷，可能再度受傷、三傷，這是人生的現實，也是真相。

小結

有一首歌說你我皆凡人，處在人世間……是啊！我們都是凡人，世間沒有神仙。這人生路現實又險惡，寂寞又孤獨，有沒有什麼良藥能暫時一用，獲得一點暫時的安慰或滿足，有了！〈日落〉：（註⑧）

落日總是向著山外行進
西邊就了絢麗的彩霞

溫柔甜蜜的黑夜夢鄉
等著，撫慰我們一生的疲累

這首詩藏著一種好藥，可暫時解汝心靈的寂寞，可讓你得一時之滿足，撫慰你近期的辛勞，這藥就請讀者自己找出來！

註釋

①人間福報，二〇一七年六月十四日，八版。

②同註①。

③劉正偉，〈風〉，《新詩絕句一百首》（台北：秀威資訊公司，二〇一五年四月），頁二一。

④劉正偉，〈路〉，同註③書，頁六。

⑤劉正偉，〈孤獨與寂寞〉，同註③書，頁九五。

⑥劉正偉，〈寂寞〉，同註②書，頁八三。

⑦劉正偉，〈傷口〉，同註②書，頁四四。

⑧劉正偉，〈日落〉，同註②書，頁一〇五。

第十九章 生命歲月殤逝之感懷

筆者讀小學（小一或二）時，《國語課本》有一課說時間跑得太快：「日曆、日曆，掛在牆壁，一天撕去一頁，使我心裡著急！」說實在的，我完全無感，大約八歲的小朋友，每天只會玩，至於時間走不走？真的不知亦不懂，時間光陰又是什麼？

時間只顧向前飛奔，他才不管人們愛不愛時間！如今竟使筆者用起了「老人卡」。回顧那數十年時間的身影，檢視自己那些歲月是否虛度？嚴審自己的生命價值或意義。竟然春秋大業早已成空，只感生命歲月殤逝，如此無情，吾如一條少水魚，斯何有其樂。

寢宿過是夜，壽命隨減少，
猶如少水魚，斯何有其樂。
——《金色童子因緣經》

這是佛經上的警示，人生過一天就少一天，有如一條住在水越來越少的池中魚，眼看著水就快沒了，怎能快樂得起來。這還只是一天天少，另有更可怕的是喘息之間要人命，《長阿含經》詩偈說：「世間無常，人命逝速，喘息之間，猶亦難保。」沒有人可保證能看見明天的太陽，甚至下一秒還能否呼吸？猶亦難保。佛語不是故意要恐嚇人，讓人不快樂，佛意是指出世間一切之實相、真相，正是無常，勉人要活在當下，愛惜光陰，活出人生的意義和價值。《四十二章經》第三十八章，佛和沙門有一段很有啟示性的問對：

「佛問沙門：人命在幾間？對曰：數日間。佛言：子未知道。復問一沙門：人命在幾間？對曰：飯食間。佛言：子未知道。復問一沙門：人命在幾間？對曰：呼吸間。佛言：善哉！子知道矣！」

人對時間的有感，通常必須經過長時間歷練，大約到四十幾的不惑歲月，才會對時間、歲月的流失，有殤逝之感。童年青少年階段，因對時間無感，可以任意揮霍，最不值錢的就是時間。到了一定年歲，突然驚覺時間殤逝，惟比較敏感又有智慧的人，可能會較早有感驚覺而發奮圖強，創造不凡的人生大業。

劉正偉多本現代詩集中，情詩意涵作品量佔最大宗，其次是時間之殤的感受詩寫。如《我曾看見妳眼角的憂傷》詩集，〈倦〉、〈夢〉、〈祈雨〉、〈英雄〉、〈青梅竹馬〉、〈青春的戀人〉、〈登合歡山〉等。（註①）在《新詩絕句一百首》詩集，亦多時間之殤感作品。賞讀〈人生〉：（註②）

人生，就像是愚人節
剛過兒童節，就到了清明
猶記得童年景象，倏忽中年
前程似是白髮蒼蒼

短短四行丈量了人生旅程，頗有佛經少水魚及佛與沙門問對的警示。「猶記得童年景象，倏忽中年／前程似是白髮蒼蒼」，是現在我們這些銀髮族的共同感受。於是，大家把握當下盡情的玩，周遊列國的、跳國標交際的、四人幫牌組的、吃喝玩樂……行程

排滿滿。而《華文現代詩》諸君，當然永不退休持續建設「詩國」大業，在詩壇上，詩人不言老。賞讀另一首也是〈人生〉：（註③）

世間如潮水，人們走著
走著，忽然就蒼老了

如蝶，輕輕飛過花叢
剎那的悲喜，蝶去，花落

有道高僧形容修行功力說，「花叢中裡過，半點不染身」。這確實是可敬可佩的功力，但這樣一來不像在人間的凡人生活，無戀愛可談，無浪漫愛情發生。「如蝶，輕輕飛過花叢」，多情的詩人必有事情發生，才有剎那的悲喜。人生苦短，蝶去，花落。〈嘆〉：（註④）

總想抓住一點光陰的尾巴

無奈時間總是在趕路
時光飛逝，太匆匆
轉眼，一別又是經年

研讀了數百首劉正偉的詩，我約略也感到「時間之殤」和「青春之戀」兩組概念，可以融通正偉詩作的大部份。（註⑤）愛與詩是詩人永恆的「青春之戀」，永遠不會放棄對愛與詩的追尋，「**總想抓住一點光陰的尾巴**」；但時間跑得太快，「**轉眼，一別又是經年**」，時間之殤啊！逝去的青春，飄零一地。〈木棉花〉：（註⑥）

春雷一響，就爆紅了枝頭
怎奈，無情風雨摧殘
啊！那在身後飄零一地的
竟是我們青春的容顏

用「身後飄零一地的/竟是我們青春的容顏」，這是意象鮮明又驚悚的詩語言，短短幾個字，涵意無限，彰顯詩人創作功力不凡。青春本來是無憂無愁的戀愛季節，如今像木棉花被風雨摧殘，飄落一地，青春回不來了，歲月殤逝啊！

小結

《新詩絕句一百首》有鮮明時間殤逝作品，如〈回眸〉、〈年獸〉、〈過年〉、〈兩首〉、〈時間之河〉、〈公平〉等，都是詩意不錯的小品，短短四行彰顯極大的人生意涵。〈公平〉如是：（註⑦）

世界上最公平的事，惟有時間
無論富貴貧苦，每人一天二十四小時
歲月靜美，你不過日子
日子自然會穿過你

「公平」，讓我想起比爾蓋茲的一句狂言：「把所有富豪的錢平均分配給地球上所有的人，大家全部一樣多的資本條件，二十年後，富豪還是富豪，窮人依然是同樣那批窮人。」真的太奇怪了！每個人都是二十四小時的一天，都是公平的。但是，智力、能力、恆心、耐心、心態……太多的不公平，為什麼罪犯永遠是罪犯？賭鬼永遠是賭鬼？詩人也永遠是詩人嗎？

註釋

①劉正偉，《我曾看見妳眼角的憂傷》（苗栗：苗栗縣政府，二〇一四年十一月）。
②劉正偉，〈人生〉，《新詩絕句一百首》（台北：秀威資訊限公司，二〇一五年四月），頁三五。
③劉正偉，〈人生〉，同註②書，頁一一四。
④劉正偉，〈嘆〉，同註②書，頁三三。
⑤同註①，頁一〇七，〈跋：愛與詩〉一文。
⑥劉正偉，〈木棉花〉，同註②書，頁七八。
⑦劉正偉，〈公平〉，同註②書，頁五三。

第二十章 愛與詩和人生價值的探索

電視《世紀天才：愛因斯坦》影集共十集，筆者在寫本文時正好看完。世人都問愛因斯坦為什麼那麼聰明？能夠看到（知道）當時全人類都不懂不知的事，其實愛因斯坦總結自己的一生，對他的學生說：「問題不在於聰不聰明，而是我有無窮的好奇心，我一直想發現問題、問問題、解決問題，再探索另一個問題……。」（註①）他就是問題，讓後世的人永遠探索不完，因為他所構思的「星際旅行交通車」，人類至今尚建造不出來，還在探索他留下來的問題。

一個敬業的詩人，或有志於建設詩國大業的詩人，除了要有當詩人的諸多條件，也要有一顆像愛因斯坦那樣的好奇心，執著於探索問題。大科學家探索行星和宇宙問題，正偉則探索愛與詩和人生的價值。好奇心、想像力從何而來，來自「打破」，打破一切。

打破現有、打破常規、打破法律、打破理論，定律也打破，乃創造不朽和永恆。雞蛋，從外打破是食物，從內打破是生命；愛情，從外打破是糾結，從內打破是了緣；人生，從外打破是命運，從內打破是運命……。（註②）啊！打破，詩創作的大技藝正是打破。吾觀古今大詩人李白、杜甫……今之羅門、余光中、洛夫等，所以有無窮好奇心、想像力，創造經典，都源於某種打破、探索。而詩人正偉，在愛與詩和人生價值上探索、打破。賞讀〈愛與詩〉：（註③）

這世界，醜陋無比
人生在世除了金錢
還有更值得追求的
譬如：愛與詩

這是一首簡明、啟示而有批判力道的小詩，力道經由二分法，世界分美醜，愛與詩是美的，其他都醜陋無比。啟示我們每個人，人人都在追求自己想要的，金錢名利之外，人生真正價值是愛與詩。一個人沒有愛和詩（文學品味），再多錢也只是一隻「經濟動

物」。所以「愛與詩」是讓你成「人」的必要條件。尤其〈愛〉：（註④）

每一個孤獨的靈魂
都像飄泊天邊的雲朵

一顆心只要有人接受
這世界，就有了愛

這首詩讓我想到德雷莎修女的故事，那些躺在新德里街頭等死的流浪垂死之人，「每一個孤獨的靈魂／都像飄泊天邊的雲朵」，對他們而言，這世界沒有愛。但終於有一個人接受他們，他們的心被接受了，「這世界，就有了愛」，且感動更多人，啟發更多的愛。

把這首詩境擴張到全世界所有人，每個人都是孤獨的靈魂，期待一顆心有人接受，只要有人接受，這世界就了愛。詩的弦外之音，可從反面思考，若你的一顆心永遠沒有一個人願意接受你，你是不是太失敗了？是不是該反省？賞讀〈詩〉：（註⑤）

夢想，是一隻毛毛蟲
在我深夜的夢裡醞釀編織
清晨，當陽光閃現
乃隨之破繭而出

生命我懂了　文與圖／光俠

勇於打破~1

雞蛋，從外打破是食物，從內打破是生命。
挫折，從外打破是喪氣，從內打破是勇氣。
逆境，從外打破是煩惱，從內打破是智慧。
個性，從外打破是習慣，從內打破是選擇。
生活，從外打破是壓力，從內打破是成長。
愛情，從外打破是糾結，從內打破是了緣。
家庭，從外打破是負擔，從內打破是承擔。
財富，從外打破是謀取，從內打破是創造。
事業，從外打破是辛勞，從內打破是服務。
營利，從外打破是價格，從內打破是價值。
人生，從外打破是命運，從內打破是運命。
生死，從外打破是無常，從內打破是如幻。

詩技上所謂的空白和跳接，都在這首詩體現，是這首詩的特色，加上想像力張開翅膀，才能看懂這首詩。所以說毛毛蟲即非毛毛蟲，而是深夜有詩的靈感在醞釀，在心中構思、編織，直到晨光閃現，作品乃破繭而出。賞讀〈詩蟬〉：（註⑥）

當植物園的荷花爭相競妍
相思木開滿一樹黃花燦爛
夏天，屬於妳的季節正式開展
從此，蟬聲就有了詩意

人生的價值何在？愛與詩有何價值？主體性都在人，每個人必須自己界定，無人可以代勞。所以人生是一種不斷的思考、探索、修行的過程。眾生都看植物園荷花開，都聽了蟬的叫聲，誰能有感？還感受了詩意。並非荷花和蟬聲有詩意，而是詩人心中有詩，看什麼都有感有詩意。一切存在的價值都要自己界定，一棵「枯木」也不例外，「摧殘枯木倚寒林，幾度逢春不變心；樵客遇之猶不顧，郢人那得苦追尋。」（唐．大梅法常）（註⑦）說枯木自己界定亦非自己界定，人借「物語」以勉世人，主體性還是人。人要

先有自覺性，有了自覺才有愛有詩再有其他。賞讀〈如夢起時〉：（註⑧）

在風花雪月中藏一座草場
他日，放牧失眠的牛羊

在兩座山頂間藏一顆星星
如夢起時，植詩造夢

我想，所有活著的人必定都在「造夢」，甚至其他生物，虎、獅、牛、羊、犬……可能也會造夢！詩人是所有物種中第一名的「造夢專家」。有夢有愛、有愛情，詩乃源遠流長而出，經典都是這樣創造的。

小結

這世界一花一如來，一沙一天堂，表示人人都是宇宙中的唯一，你比三千大世界所有財寶相加還珍貴，只是很多人不知道，尚未自覺到，是很可惜的事。人要知道自己的

〈故事〉：（註⑨）

每個人都有一個個故事
純真浪漫，悲傷或甜美
昨夜失眠，詩揣想著
回憶，像一個個驚嘆號

每個人的故事都是世間的唯一，不管劇情如何都是傳奇或驚嘆！讀者客官你自覺了嗎？動人的詩篇和愛情都深藏在你心中，好好揮灑你的故事吧！

《新詩絕句一百首》詩集涉及的範圍，比正偉其他詩集廣泛，情詩仍是大宗。其他如大陸名勝、自然環境、鄉愁等，尚待有更高明的行家深入研究，大力提倡這種新詩創作形式，豐富詩壇。

註釋

①《世紀天下：愛因斯坦》影集十集，由「國家地理雜誌」拍攝，在電視十八頻道（台北）播放，二〇一七年五到六月播完，其他頻道可能重播。

②人間福報，二〇一七年六月二十五日，B5版。

③劉正偉，〈愛與詩〉。《新詩絕句一百首》（台北：秀威資訊公司，二〇一五年四月），頁二九。

④劉正偉，〈愛〉，同註③書，頁六三。

⑤劉正偉，〈詩〉，同註③書，頁八二。

⑥劉正偉，〈蟬詩〉，同註③書，頁九三。

⑦大梅法常禪師，湖北襄陽人，馬祖道一禪師之法嗣。生於唐玄宗天寶十一年（七五二），唐文宗開成四年（八三九）圓寂。

⑧劉正偉，〈如夢起時〉，同註③書，頁八六。

⑨劉正偉，〈故事〉，同註③書，頁一二七。